# धूप में छिपे शब्द

वाणी प्रकाशन
21-ए, दरियागंज, नयी दिल्ली-110002
फोन : 011-23273167, 23275710, 41562622
फैक्स : 011-23275710
e-mail : vaniprakashan@gmail.com
website : vaniprakashan.com

# धूप में छिपे शब्द

संजय पारिख

वाणी प्रकाशन का 'लोगो'
विख्यात चित्रकार मक़बूल फ़िदा हुसेन की
कूची से



ISBN: 978-81-8143-791-4

**वाणी प्रकाशन**

**21-ए, दरियागंज, नयी दिल्ली-110002**
**द्वारा प्रकाशित**

**संस्करण : 2008** **मूल्य : 250.00**

**आवरण : वाणी प्रकाशन**

**शुभम ऑफसेट, दिल्ली-110032**
**द्वारा मुद्रित**

**DHOOP MEIN CHHIPE SHABD**
***by* Sanjay Parikh**

# प्रसंगवश

जब मुझसे कहा गया कि मैं कुछ अपनी कविताओं के बारे में लिखूँ तो लगा कितना कठिन - दुरूह सा - कार्य सौंप दिया गया है। कहते कि इसकी जगह एक कविता लिख दो तो शायद सरल होता। कविता होती तो बहती, कहीं उलझती, कहीं सुलझती और कहीं कुछ नहीं कहती हुई भी कुछ कह देती। पर अब रुकना है, उलझनों को कुरेदना है और इस बात का जवाब भी देना है कि क्यूँ शब्द कविता के प्रवाह में चुप हो जाते हैं और शब्दों के रूप कुछ और इंगित करने लगते हैं। कोई भी उत्तर जो साहित्यिक संवादों के अनुरूप ही हो, मुझे नहीं लगता मैं दे सकूँगा। मैं वही कहूँगा जो मुझे छू कर गया है और जो अनछुआ सा मेरे चारों ओर बिखरा है; और अब भी यह जानते हुए कि वह दूर है, मैं जिसे छूने का प्रयत्न करता रहता हूँ। दसियों वर्षों का, जीवन के अन्तरंग से जुड़ा, अनुभवों और जिज्ञासाओं के मध्य धूप-छाँव का एक खेल सा है, जो इन कविताओं में छुपा है। कई सोपान हैं, जो समय और परिस्थितियों के परिप्रेक्ष्य में, दुख-सुख, चिंताऐं, आशायें-निराशायें, ईहायें-ईप्सायें, विरोध-प्रतिरोध, लक्ष्य, प्रेम आदि-आदि, को कविताओं में इंगित करते हैं। एक वृहद् चेतना उन सोपानों को एक दूसरे से जोड़ती है। हम सभी इन संप्रेषणों से गुजरते हैं। कुछ इन्हें देख पाते हैं कुछ नहीं। किसी के लिये ये रहस्य बन जाते हैं, किसी के लिए रस। कोई इसमें गुह्य अर्थ तलाशता है तो कोई गीत बनाता है। कोई सामाजिक तथ्यों के मूल्य टटोलता है तो कोई उन मूल्यों का अर्थ, जीवन और प्रकृति के संदर्भ में खोजता है। कोई कहता है क्या है इन सबका सत्य इस संसृति के भीतर और स्वयं के परिप्रेक्ष्य में?

कवित्व इन सब के बीच उपजी एक जिज्ञासा है, एक भाव है। कहीं वह व्यक्ति और समाज के स्तर पर और उनके बीच के सम्बन्धों को समझने का प्रयत्न करता है तो कहीं एक व्यक्ति और उसके भीतर पैठे विचारों और चेतनाओं के गुंजलक को उकेरता, अपनी ही बात कहता है। कभी वो स्मृतियों में डूबी बातों और परम्पराओं में उलझा रहता है, कभी सुलझा-सा या न समझते हुये भी असम्पृक्त साक्षीभाव से उसे देखता है। कवि का सृजन उसी भाव के अनुरूप ढलता रहता है। कवि कोई समाधान नहीं ढूंढता, कोई निष्कर्ष नहीं निकालता, बस कहता है। कवि जितना सरल भाव से, उस सृजनात्मकता से जुड़ा रहता है, उतना ही निखार उसके निर्माण में आता है। कवि स्वयं के अर्थ में यानि सच्चे अर्थ में तभी तक कवि रहता है - जब तक कि उसकी संवेदना उस सृजनात्मक चित्त में ठहरी हुई वही कहती है जो अन्तर से निकलता है और एक रूप लेता है - वह नहीं जो शब्द-शिल्प, उससे उसके कवि जानने पहचानने के कारण, लिखवाता है। इस तरह हम देखें तो कवि के कृतित्व को कोई रहस्यवाद, सौन्दर्यवाद, छायावाद, आध्यात्मवाद और प्रयोगवाद में विभाजित नहीं कर सकता। छंदबद्ध कविता और छंदमुक्त कविता का विभाजन भी कृत्रिम है। कोई उस रूप में पुराना कवि नहीं, कोई नया कवि नहीं। जब छंद बस छंद लिखने के लिये रह जाते हैं तो कविता मर जाती है, इसी तरह जब नई कविता बस पुरातन को तोड़ने के लिये या अपने को सिर्फ छंदमुक्त प्रमाणित करने के लिये लिखी जाती है, उसकी सृजन-श्रेयता समाप्त हो जाती है। महत्व है—किसी भी स्तर से उठती संवेदना के मर्म को पहचानना, उसे खोजना, उसे जानना और आतुरता की उष्णता में उसे एक रूप देना। ऐसा कर कवि फिर एक नई तलाश में निकल पड़ता है या कि फिर कोई तलाश उसे अनायास ही पकड़ लेती है। विश्लेषण करना कवि का धर्म नहीं, सृजन की शृंखला में उसे यह भाता भी नहीं। यदा कदा रुककर वह देखता है अपनी सृजना को तो कभी आश्चर्य में डूब जाता है और कभी अपने को कोसता अपनी कृति देख लज्जान्वित अनुभव करता है। यही ऊब-डूब उसको कवि भी बनाये रखती है। उसे संतोष तभी होता है जब शब्द उसके अनुभव को एक रूप दे पाते हैं, बिना उस अनुभव के सौन्दर्य को छेड़े हुए।

राष्ट्रकवि दिनकर ने ज्ञानपीठ पुरस्कार-समर्पण के अवसर पर अपने आत्मकथन में एक महत्वपूर्ण प्रश्न उठाया था और उसका उत्तर भी उन्होंने दे दिया था। उनका कहना था कि भगवान जब कलाकारों को छेनी, कूंची, टांकी और रंग बाँट रहे थे तब उनके प्रणाम करने पर भगवान ने उन्हें हथौड़ा दे दिया और कहा कि चट्टान से 'तेरे तोड़े हुये अनगढ़ पत्थर भी काल के समुद्र में फूल के समान तैरेंगे।' जरा-सी (इस) आत्मश्लाघा के लिये क्षमा मांगते हुये उन्होंने कहा कि 'जीवन भर मैं इस विचिकित्सा में पड़ा रहा हूँ कि कविता का वास्तविक प्रयोजन क्या है?' उन्होंने फिर एज़रा पॉउण्ड को उद्धृत किया है कि 'कविता केवल कविता है जैसे वृक्ष केवल वृक्ष है' और कि 'चेतना के तल में जो घटना घटती है, जो हलचल मचती है, उसे शब्दों में अभिव्यक्ति देकर हम संतोष पाते हैं। यही हमारी उपलब्धि है।' लेकिन यहाँ दिनकर जी शंकातुर हुए कहते हैं 'किन्तु, इतना जरूर है कि पेड़ मनुष्य और पक्षियों के नहीं रहने पर भी फूल और फल सकते हैं, किन्तु पाठक और श्रोता न रहें, तो कवि कविता लिखेगा या नहीं, इसमें मुझे भारी सन्देह है।' और अंत में यह कि 'मेरी दृढ़ धारणा है कि कविता व्यक्ति द्वारा सम्पादित सामाजिक कार्य है और शुद्ध कविता भी समाज के लिये ही लिखी जाती है।'

जब वृक्ष की उपमा दी गई तो एज़रा पॉउण्ड ने स्वयम् के अनुभवों के सत्य को सर्वोपरि माना होगा - दूसरे शब्दों में कहें तो : स्वांतः सुखाय। अभिप्राय उसका सिर्फ यह है कि कविता का उदय स्वयं से है, वह कवि की चेतना का अविभाज्य अंग है। ऐसा होने पर सृजन का अंतःसुख कवि ही प्राप्त करता है। पर मानव चेतना अपने अंतः से जुड़ी होने पर भी मानवीय या सामाजिक चेतना से असम्पृक्त नहीं रहती। चेतना जब उगते सूर्य को देखती है और कवि अपने अन्दर के गुह्य अंधेरों में प्रकाश के उद्गम स्रोत ढूँढता है तब चेतना सिर्फ कवि तक नहीं रुकती वरन् सभी व्यक्तियों के अन्दर झांककर उसके वृहद् रूप को, उसकी शक्तियों को, जो स्वयं व समाज के लिये श्रेयस्कर है—सतह पर लाने का प्रयत्न करती है। अगर व्यक्ति अकेला भी होगा, (कविता उस तरह अकेलेपन का ही सृजनात्मक रूप है) तो भी निर्झर के चारों ओर फैले सतरंगी इंद्रधनुष को देख चिहुंक उठेगा, दौड़ेगा, हँसेगा, गायेगा। तब कोई श्रोता नहीं होगा,

कोई दृष्टा नहीं होगा, कोई उत्साहित करने वाला नहीं होगा और इस सब का सामाजिक हित से सीधा कोई सम्बन्ध भी नहीं होगा। ये एक अलग बात है कि यह व्यक्ति जब कभी दूसरे व्यक्ति से मिलेगा तो उसे बड़े उत्साह से उस अद्‌भुत दृश्य के बारे में बतायेगा और कहीं इस बीच इस अनुभव ने एक शब्द-माल बींध दी हो, कुछ बिम्ब उकेरे हों, तो उन्हें भी सुनायेगा। लेकिन तब उस व्यक्ति की भाँति कवि भी एक श्रोता ही होगा और एक श्रोता दूसरे श्रोता को तलाशता नहीं। ऐसा नहीं कि बिना श्रोता के कवि होता ही नहीं। यह कहना और मानना उस सृजनात्मकता का विरोध होगा जो हम सभी में जन्म के साथ है और सारी प्रकृति में बिखरी हुई है। हम ज्यूं-ज्यूं अपने पास आते हैं - कविता से त्यूं-त्यूं दूरी मिटती जाती है, बस संवाद के लिये शब्द नहीं मिल पाते और जिन्हें मिल जाते हैं वे कवि बन जाते हैं। कविता का रूप, शब्दों का चयन, गतिमयता आदि व्यक्ति-पर है। एक ही अनुभव का चित्रण हर व्यक्ति के मनसपटल पर अलग-अलग ही नहीं होता, बल्कि उसकी गहनता और वैचारिक सतह भी अलग-अलग होती है। इसी कारण कुछ मूल परिमापों को छोड़कर कविता के संदर्भ में कई बार तुलनात्मक अध्ययन बहुत न्यायकर नहीं होता। एक कविता इस संग्रह में है -

> "किसने कहा कविता नहीं लिखी गई
> बस शब्द ही तो नहीं उभरे।
> .....एक प्रश्न पूछा
> तो झुक कर चांदनी ने
> छत की मुंडेर से उत्तर दिया
> पर संवाद रुका नहीं ....."

इस कविता का अभिप्राय यही है कि प्रकृति में बिखरी कविता, रूपकों और संवादों को, हम बस शब्दों का परिधान देते हैं, कविता अबाध्य रूप से चलती रहती है। जितना और जैसा हम देखते है, एक दृष्टा की तरह, वैसा ही हम लिख पाते हैं। 'गहरे पानी पैठ' जो डुबकी लगाते अघाते नहीं, शब्दरूपी मोती उन्हें अवश्य प्राप्त होते हैं। और यह क्रम चलता रहता है : वही गुलाब का फूल कितने ही रूपों में, भावों में नये प्रतिमान देता है, नये बिम्ब बनाता है। मुझे बचपन में दो अनुभव हुए,

जिन्हें मैं भूल न सका या कि जिन्होंने मुझे उन्हें भूलने न दिया : हमारे आंगन में तीन बड़े वृक्ष थे—पीपल, नीम और शीशम के। शीशम के वृक्ष की डालियाँ काफी नीचे तक झूलती रहती थीं। मैं और बच्चों के साथ उन डालियों को पकड़कर दोपहर की झुलसती धूप में झूलता रहता था। वह सावन था जब सारे आसमान में बादल छाये हुये थे, हल्कि बारिश हो रही थी। अचानक तेजी से हवा चलने लगी और शीशम की डालियाँ जोर-जोर से झूलने लगीं। मेरा मन अजीब से आनन्द से भर गया। ऐसा लगा कि शीशम की डालियों से झूलते हुए आसमान छू लूँ। बरसात में भीगा भी, शीशम की डालों को पकड़कर झूला भी, फिर भी लगा एक रिक्तिका सी उस सौन्दर्यान्भूति की कहीं चेतना में धंस गई। दूसरा अनुभव था दार्जिलिंग जाते हुए रेलयात्रा में बादलों का रेल के डिब्बे में घुस आना और मेरा उन्हें छूने का, हाथों में समेटने का प्रयास करना। एक विचित्रता, एक रहस्य सा समा गया, जब बादलों ने भीगा-भीगा छोड़ दिया और फिर उन्हीं बादलों को पहाड़ों के ऊपर से देखा। सब कुछ चलता रहा पर वह छोटी रिक्तिका बड़ी होती रही। पहाड़ों, झरनों, चीड़, देवदार के वृक्षों, बर्फ से ढकी चोटियों के साथ जीवन के अनेकानेक अनुभव - जिनमें विश्वास था, प्रेम था, छलावे थे, जिजीविषा थी, रंग थे, नीरसता थी, खोज़ थी, अव्यक्त अंधेरे थे, उजाले थे - जो एक दूसरे के पास आ-आकर जीवन के अर्थ टटोलते थे। कभी एक साफ सुथरा मार्ग दिखता था तो कभी कुहासे से भरे उत्तर या अंधेरों के अभेद दुर्गम द्वन्द्व। कभी विरोधाभासों के बोझ की अथाह पीड़ा से दबे, अपने उत्तरों में मायावी छलावे दिखते थे तो कभी स्वीकार करते हुए आगे बढ़ते जाने का साहस। कविता इस तरह जीवन के साथ चलने लगी कि प्रयास जैसे सहज सा हो गया। कभी-कभी यह भान भी होता था कि मैं शब्दों की गुंजलक में फंस तो नहीं गया हूँ, कभी वही प्रतीक, वही झरने और चीड़ वन, बार-बार आकर नये अनुभवों के बीच खड़े हो जाते थे। पर मैं बस हर सम्प्रेषण को लिखता गया। कभी किसी कागज के टुकड़े पर, कभी खाली उपयोग में लाये हुए लिफाफों के ऊपर, कभी अखबार के खाली कोनों में और उन्हें छुपाकर अपनी किताबों के नीचे सहेजता गया। जब भी समय मिलता तो उनको पढ़ता - कभी आनन्दित होता तो कभी उसे

फाड़कर फेंक देता। ऐसे कविताएं लिखता रहा छोटे-छोटे कागजों पर और जमा होते-होते एक बड़ा संग्रह सा हो गया। किसी को सुनाने की इच्छा नहीं होती थी, लगता था एक बड़ा समुद्र है और उसके मंथन की अतीव इच्छा अपने आगोश में दबोचे हुए है। लगता था कहीं व्यक्त करने की इच्छा इस सृजन के आनन्द को छीन न ले। कहीं ऐसा न हो मैं अपने को शब्दों का सृजक मान, अनुभवों का मायावी जाल बुनकर, उसमें उलझ जाऊँ और अहम् का प्रकोप अन्तर्सौन्दर्य को तिरोभूत कर दे। पर ऐसा नहीं था कि सृजन जीवन और अनुभवों के बढ़ते क्रम से दूर हो गया था।

उन दिनों एक मित्र को, जो अब एक दैनिक पत्र के सम्पादक हैं, कविता के बारे में मैंने लिखा था कि 'यह तो बिल्कुल स्पष्ट है कि जब जीवन से सृजन को अलग कर देते हैं तो लिखना महज एक शौक या अनुरंजन के अतिरिक्त और कुछ नहीं रह जाता। जीवन की पुस्तक से जब अर्थ गहते हैं तब सृजन के क्षण स्वमेव उभर आते हैं।' लेकिन इस जीवन का अर्थ अपनी घिसी-पिटी स्वार्थलोलुपता में डूबी जिन्दगी नहीं। व्यष्टि और समष्टि के परिप्रेक्ष्य में जीवन के मूल्य सिर्फ अपने नाम, जाति, परिवार और धर्म तक ही सीमित नहीं रह जाते, केवल अपने अनुभवों को ही सत्य का अन्तिम रूप नहीं मानते बल्कि प्रकृति और जीवन जगत में अपने विस्तृत रूप को देखते हैं, उससे पहिचान करते हैं। यही अनुभव सब कुछ जोड़ता है : रहस्य को रस से, शब्दों को भावों से और बाह्य को अंतर से। स्वयं के सत्य में डूबी कविता इस तरह उस अन्तर्सौन्दर्य का हिस्सा बन जाती है, जो सभी में कहीं छुपा है। पाठक उसी अन्तर्अभिव्यत्ति को मुखर पा आनन्दित हो उठता है। अगर ऐसी शब्दाभिव्यक्ति उसे मिल जाये तो कविता का सृजन सार्थक हो जाता है। लेकिन यह भी सत्य है कि कवि अपने ही बद्ध जाल में जब घिर जाता है तब यह आवश्यक होता है कि कोई उस जाले को तोड़े। कवि तब एक श्रोता बन अपनी कृति में कमियाँ देखता है, त्रुटियाँ लक्षित होती हैं और रचना में एक निखार आता है। जो चित्र स्वयं के अनुभवों से बनाया था वही चित्र अब वो दृष्टा बन देखता है। कवि का दृष्टा भाव श्रोता के दृष्टा भाव से अलग होता है। रचनाधर्मिता के लिये यह अनिवार्य है। कभी-कभी रचनाकार यह भी सोचता है कि उसकी बात, लेखन, विचार दूसरे तक पहुँचें जो व्यक्ति

विशेष, समाज या देश को एक नया चिंतन दे या कि वह चेतना के एक नये आयाम को औरों को भी बता पाये। ऐसा न हो पाने से या संपर्कहीनता के कारण सृजन के कई पहलू विकसित होने से वंचित हो जाते हैं। वहीं यह भी सच है कि कवि के विचार स्वयं उसके जीवन का हिस्सा या ध्येय नहीं बन पाते और वह शब्दों के शिल्प का जेता बन शब्द रचना करता रहता है। यह सभी सामान्य बातें हैं जो अक्सर किसी भी लेखक या कवि के साथ गुंथी बुनी होती हैं।

कविता अगर सौन्दर्य के बोध से अनुप्राणित हुई उसके सत्य को जानने का प्रयास निरन्तर करती रहती है तो क्यों नहीं वह मानव चेतना में उस तत्व को जो क्रियात्मकता का केन्द्र है, जाने-अनजाने शब्दों में बुनती रहेगी। चाहे वह फिर सूर के कृष्ण हों, तुलसी के राम या कि कबीर का निर्गुण जो झीनी चादर में छुपा जीवन के रहस्यों को उजागर करता है। सिर्फ आध्यात्मिकता कहकर हम उसे कविता के दायरे से बाहर नहीं कर सकते। यह कहकर कि जीवन की रोजमर्रा हरकतें, ऊँच-नीच, सामाजिक रीतियाँ, ढोंग, विचार, भेदभाव और तकनीकियाँ जो मनुष्य को प्रभावित करती हैं वही उसके चिंतन का दायरा बनाती हैं और उसी चेतना के ईद-गिर्द कविता अपनी बात कहती है, कविता की एक बहुत संकुल अवधारणा है। कविता का मूलरूप कहीं भीतर ही छुपा है और हम सभी मानसिकताओं से स्वतंत्र होकर भी देखें तो अपने पास बार-बार आकर बाहरी शब्दों और विचारधाराओं के पीछे छुपे अर्थ तलाशते हैं। शताब्दियों से जीवन के सत्य को तलाशते और सौन्दर्य, प्रेम से उसे जोड़ती चेतना को शब्दों और ध्वनियों में तराशते, क्या उस धरोहर और परम्परा (चेतना से संदर्भ है) से अपने को दूर रख हम कविताओं के अर्थ गह सकते हैं? टैगौर उसी परम्परा से जन्में कैसे धीरे से गहनतम् बात पत्तियों के मर्मर से कह देते हैं। क्या सिर्फ शब्दों को नये रूप में रखने के कारण और सभी परिधियों, परिमापों से अपने को मुक्त करने के लिए, हम उस चेतना को एक नाम देकर छोड़ दें, दूर कर दें? कहें कि इसमें भगवान है, इसमें भक्ति है, यह तो आध्यात्मिक है, यह बहुत दार्शनिक है - यह कविता का रूप नहीं या इसमें आधुनिक बिम्ब नहीं - तो क्या यह कविता की विशुद्ध आत्मा की सही पहचान होगी? यह ठीक है कि एक गहरी बात भी हम

ऐसे रखें कि जो कृति बने वह शब्दों के जाल से खण्डित न हो जाये। पर यह तो हर कवि के अनुभव की गहराई और उसकी दक्ष-अभिव्यंजना पर निर्भर करता है। एक दार्शनिक बात भी सुलभ, पैनी और सुन्दर हो सकती है और वहीं यह भी कि मानवीय विचारों की तहों को कुरेदते शब्द एक संवादहीनता या शब्दों की उठापटक के अलावा कुछ नहीं दे सकते। हमें शायद कविता को कविता की तरह और श्रोता की संवेदनशीलता के परिप्रेक्ष्य में ही समझना चाहिये। अज्ञेय ने संवत्सर व्याख्यानमाला - 'स्मृति के परिदृश्य' में कवि की सृजनशीलता को कल्पना में निहित माना है पर उसका आधार उस सत्ता को माना है जो ईश्वर के विश्वास या अविश्वास को मूलभूत न रखकर उससे उद्भूत सर्जना-कर्म, भाषा-शक्ति और विराट का संस्पर्श पाने की सम्भावनाऐं खोल देती है। अज्ञेय ने कवि धर्म के लिए और कल्पनाओं के स्रोत को अक्षुण्ण बनाये रखने के लिये अपने प्रति खुला रहना आवश्यक माना है और कहा है कि 'यह अपनापन ही वन्य भी है, देहाती भी, शहरी भी, प्राचीन भी और समकालीन भी, यही स्मृतियों का भण्डारण भी करता है और उनका संयोजन - सम्पादन भी, यही उन्हें आवाहन होने पर उपलब्ध भी कराता है और उनकी ऊर्जा को सर्जक के द्वारा उपयोज्य बनाता है।' यह सब ठीक है पर कल्पना और स्मृति क्या 'स्वयं' से बिंधे अवचेतन व संस्कारों से पूर्ण रूप से स्वतंत्र हो सकती है और क्या व्यक्ति उन अवचेतन में बंधे शब्दों को विमुक्त कर एक नया आयाम नहीं दे सकता? कविता की स्वतंत्रता एक बात है और उसकी अन्तर्चेतना दूसरी। कहीं ऐसा लगता है कि उसी 'स्फूर्ण' को जो सृजन के लिये प्रेरित करता है, चेतना को नये आभास और रंग दिखाता है, हम विभिन्न नाम - समय और स्थिति के परिमापों के आधार पर - दे देते हैं। पर बात कहीं न कहीं उसी मूल बिन्दु पर आकर टिक जाती है : वह चेतना जो कविता की सृजनशीलता को विभक्त नहीं करती। वह जो कविता की प्रथम अभिव्यक्ति थी और जो अन्त तक रहेगी। समय, काल और स्थिति जिसे कभी अलग-अलग नहीं कर पायेंगे, बदलेंगे तो बस अभिव्यक्ति और सम्प्रेषण के आयाम।

मेरे भाई साहब नरेन्द्र पारिख को कविता लिखने का शौक था, मालूम नहीं अभी काम के बोझ में दबे उनकी रस-माधुरी का क्या हुआ? लेकिन मुझे मालूम है यदा-कदा अपनी पुरानी डायरियां जरूर देखते होंगे। बचपन में और उसके बाद भी काफी वर्षों तक मुझे आश्चर्य होता था कि कैसे वो अपने शब्दों को इतनी सुन्दरता से कविता में पिरो देते थे। मुझे घर में किसी से प्रेरणा मिली तो वो मेरे भाई साहब ही रहे। उसके बाद कब मन झूमा, झूमता रहा, पता ही नहीं चला। बहुत से चित्र, संवेग, शब्द और कभी समूची कविता अनायास मिल जाती और ऐसा लगता जैसे सारा सुख मिल गया हो। भीतर एक आकाश-सा भरा महसूस होता था। जैसे-जैसे लगा वैसे-वैसे लिखता गया। बाद में कई वर्षों बाद उसे पढ़ा भी तो उस भाव के आश्चर्य से, कि ऐसा हुआ था, एक सुख ही प्राप्त हुआ। मेरे लिये इससे अधिक अपनी रचनाओं के बारे में कहने के लिए कुछ नहीं कि मैंने रचयिता, और समय के एक अन्तराल के बाद, एक पाठक के रूप में भी, इन रचनाओं को देखा और पढ़ा है।

इन कविताओं के उद्धार का प्रथम श्रेय मेरी धर्मपत्नी वन्दना पारिख को जाता है, जिन्होंने छोटे-छोटे कागज़ के टुकड़ों से उन्हें पहली बार मुक्त कर एक रजिस्टर पर उतारना शुरू किया। मेरे मित्र अभय नारायण सिंह ने बहुत ही एहतियात से इन कविताओं को एक फाइल कवर में रखने की शुरूवात की और फिर वो सिलसिला आगे चलता गया। बीच में बनवारी जी, मेरे विद्वान मित्र, जाने माने लेखक और पत्रकार ने इन कविताओं को बड़ी बारीकी से पढ़ा और अपने सुझाव भी दिये। मैं उनका कृतार्थ हूँ। विमल भाई लगातार इन कविताओं की प्रगति के बारे में पूछताछ करते रहे और मेरा परिचय हिन्दी के जाने पहिचाने कवि श्री मंगलेश डबराल से करवाया। मंगलेश जी ने कविताओं के संग्रह को देखा पढ़ा और इस संकलन के लिये कविताऐं चुनने में मदद की। मैं इन दोनों महानुभावों का अनुगृहीत हूँ। नलिन जी संगीतकार, साहित्य प्रेमी और उच्चकोटि के साधक हैं। उनका मेरे प्रति हमेशा एक अभिन्न प्रेम भाव रहा है। वे हमेशा पूछते रहते हैं कि मैंने कवितायें लिखना तो कहीं बंद नहीं कर दिया। वे इन कविताओं के पाठक, श्रोता और प्रेरक भी रहे हैं। डा. आनन्द कुमार मेरे अग्रज हैं और एक अच्छे लेखक और चिंतक हैं।

उन्होंने मुझे हर छोटे-छोटे निर्णय लेने में मदद की और प्रोत्साहित किया। धन्यवाद नहीं दूंगा चूंकि वे अपने ही हैं। मेरे पिताश्री ने भी इन कविताओं को पढ़ा और कई त्रुटियां निकालीं। मैं उनके बारे में यही कहूंगा कि सारा आत्मबल उनसे ही मिला है।

मेरे बहुत अच्छे मित्र अजय पान्डे, जो शान्ति-निकेतन से फाइन आर्टस पढ़े हैं और एक संवेदनशील कलाकार हैं बहुत समय से इन कविताओं के छपने की प्रतीक्षा कर रहे थे। कविताओं का आवरण पृष्ठ उनकी ही एक कृति है। 'पाथ फाइन्डर' की पद्मजा जी ने आवरण पृष्ठ को सुन्दर बनाने और शीर्षक चुनने में मदद की है। मैं किन शब्दों में उनका आभार व्यक्त करूं। अरविन्द जी, मेरे श्रीअरविन्द आश्रम से जुड़े परिचित मित्र हैं। मैं उनके सहयोग और विमर्श का आभारी हूँ। शरद जी और मदनराय जी ने अपने सुझाव व टिप्पणियों से जो सहयोग दिया है—मैं उनके लिए उन्हें हृदय से धन्यवाद देता हूँ।

मैं श्री कृष्णदत्त पालीवाल जी का ऋणी हूँ जिन्होंने मेरा मार्गदर्शन किया और कई महत्वपूर्ण सुझाव दिये। वे न होते तो शायद मैं इन कविताओं को छपाने का साहस भी नहीं कर पाता। उनकी पत्नी डा. रीता रानी पालीवाल, हिन्दी की विद्वान ज्ञाता व लेखिका, ने कविताओं की संवेदनाओं को बहुत बारीकी से समझा। मैं उनका बहुत आभारी हूँ। मैं शरदिन्दु जी के सामयिक सहयोग का भी आभारी हूँ।

अन्त में, मेरे दोनों सुपुत्र—ऋत्विक और सात्विक जिज्ञासु भाव से इन कविताओं को पढ़ने और समझने का प्रयत्न करते रहते हैं और आज के संदर्भ में इनका महत्व भी पूछते हैं। उनके प्रश्न मुझे अपने अनुभवों का सत्य जानने व परखने का एक अवसर और देते हैं।

आशा करता हूँ कि पाठक इन कविताओं को स्वीकारेंगे और वह देख पायेंगे जो शायद मैं देख न सका।

# अनुक्रम

## जीवन धारा

मन कह देता है - मैं हार गया
मन कह देता है - मैं जीत गया
हतप्रभ-सा मैं बैठा रह जाता हूँ
एक प्रश्नभरी नज़र डाल
चुप हो जाता हूँ।
ये खेल है मन का
विचारों के अपने ही बनाये खिलौनों से,
वो तोड़ता है तो दुखः होता है
वो जोड़ता है तो सुख होता है
पर जब मन ही नहीं होता
तो कुछ नहीं होता
सब कुछ. हल्का होकर उड़ता है :
देह का बंधन,
अतीत का बंधन,
इच्छाओं का बंधन,
बाधक नहीं होता।
बुत बना रहता हूँ तो
उतार-चढ़ाव दिखते हैं
पर भाग नहीं सकता
(बाध्य हूँ !)
इसलिए खड़े-खड़े कभी-कभी

मन-देह टूट जाती है
चुप रहता हूँ
क्योंकि कुछ कर नहीं सकता !

# अमृत मंथन

न सोचें,
तो ये जीवन भी क्यों कर हो
टूट जाए जब विचारों की इस्पाती दीवार
तो सद्यपुनीत स्त्रोतस्वनि क्यूँ न बह उठे?
क्यूं न चूम लें
अतृप्त ढेरों रहस्यमयी बीजांकुर
आकाश की छत से उठकर
तारों का गात।

क्यों नहीं हो सकता भला ऐसा?
सुलभ लगता है जहाँ,
तृप्त हो जाता है मन वहीं
करता है अलभ्यता में लेकिन,
कंटकीय आकांक्षाएं।
व्यर्थ है सागर में अमृत-मंथन का प्रयास
वृथा श्रम है,
फिर क्या जाने कोई दबी ईहा
चमक के वशीभूत
प्रस्तर माँग उठे?
ठंडी आँखों से देखें
तो खुद घबरा जाते हैं

बिना हलचल के
बिना कोलाहल के
सिर्फ उठती उत्ताल लहरें....
मंथन कौन करें?
कैसे करे?
क्यों करे?
आँखों की स्निग्धता लुप्त हो गई है
देखें तो कैसे?
इस शिलाखंड को डूब जाने दो
बोझ को हट जाने दो
मंथन का विचार त्याग दो
आओ
इस आकाशीय गुंजलक से परे
शरीर में बिंधे शीशे के टुकड़े
निकाल-निकाल कर
चूर-चूर कर दें
रोम-रोम इसी शिथिलता में डूबो दें
रहें...देखें
कोई पलकों के सावन छीन ले
तो रो दें
कोई छू दे-
तो नाच उठें !

# धूप में छिपे शब्द

अमलतास की छाँव में खड़े
मैने माथे पर छलकती पसीने की बूँदों को
ओस की मानिन्द
जो रात भर कतरा-कतरा जुड़ी हैं
साँवली दोपहर में
धीमें से पलकों तक
सरकते देखा।
अमलतास के सुनहरे फूल,
धूप के कर्ण-फूल बनकर झूलने लगे
धूल भरे एक झोंके ने
टकराकर कहा
अमरबेल नहीं है तेरी चेतना!
ओसकण,
स्वेदकण,
और आँसू की बूँदे
अपरिमित तृष्णा से
गहन वेदना में उपजे
कमलदल पर मोती के
कुछ बिखरे दाने हैं
प्रतीक हैं ये
उस शब्द के
उठा है जो दूर दिगन्त यामिनी में

अन्तस से।

श्रम से श्रान्त देह -
दोपहर के झूले पर झूलती
शाम बाग के कोने में
छत की मुंडेर पर
नीम के पास आ बैठती है,
सामने जहाँ ऊर्जा-स्तूप पर फहराता ध्वज
नीलाकाश पर
अपनी स्वतंत्रता का उद्घोष करता है।
हाँ
प्रज्ञा पुरुष जागो !
सृष्टि के इस विराट चक्र में
जहाँ सौन्दर्य, प्रेम, कर्म और चेतना की महत्ताएँ
आँकी नहीं जा सकतीं
जहाँ निर्वात शून्य ही
अन्त है
या अनन्त है
वहाँ से
कैसे अपनी स्थिति का बोध करूँ
और कह सकूँ
कि मैं कर्त्ता हूँ !

## डग-मग चाल छोड़ दे गोरी!

अगर तुमसे मधुरतम प्रीति भी है
तो मैं क्या कर सकता हूँ?
जो अस्तित्व का है - वो निष्क्रिय सा
बस स्वीकार करने की स्थिति में है
और अस्मित्व का उभार -
कल्पनाओं में भी ढल सकता है
या मेरे हो सकने का
मिथ्याभास भी दिला सकता है !
फिर कि मैं सम्भलने का प्रयत्न भी करूँ
तो भला क्यों?
क्या सम्भलना मधुरतम प्रीति में सम्भव है?
और कहाँ से लाऊँगा
वो अप्रत्याशित शक्ति
करे जो सम्भलने का प्रयास?
या फिर दोषारोपित करूँगा
स्वयं को ही।
कहो............?
क्षण-प्रतिक्षण
जो प्रश्नों का बोझ आ पड़ता है
मुझे ही उलझना है
मुझे ही सुलझना है

तुम्हारे समक्ष तो
फिर भी प्रश्नविहीन हूँ
क्या कम है यह किसी अग्निपरीक्षा से?
आभास पाने
तुम्हारे कल्पनातीत सौन्दर्य का ही तो
कल बादलों में ढका चाँद देखा था
जो सिर्फ एक नन्ही दीपशिखा की तरह
क्षितिज में प्रतिभासित था।
उपासना ही उदित हुई थी,
और वही सौन्दर्य अपने अन्दर भी
- आभामण्डित
मैने जाना था।
किन्तु लगा भीतर,
बहुत भीतर
किसी ने उसे अस्वीकार कर दिया,
और मैने भी जाना
कि मेरे हाथ अभी बहुत छोटे हैं
फिर किसी भ्रमित आत्मविश्वास का
नैराश्य....कौन स्वीकार कर सकता है
अतः मैं मौन हूँ -
तुमसे प्रीति कर - क्या कर सकता हूँ?
किन्तु कहूँ कैसे -
जान ही जाओ तो
क्या नहीं है
मौन ही
अथाह शब्दों का
नेह निमंत्रण!

## अनुभूति

स्वर्ण काल में,
पनघट से भरी जो गागर तुम लाए थे
हुलक-हुलक कर
मेरे आँगन में फैल गई......अधरीती हो गई।
नीला आकाश सफेद बादल
चाँद ... तारे और आकाशीय पंछी
मेरे आँगन में बिछ गए!
तुमने कहा - ये दुनिया तुम्हारी नहीं !
वो जो चुपचाप आता है - चला जाता है
विश्वास नहीं हुआ
वो यह कह सकता है
जिसकी प्रतीक्षा
कभी समाप्त नहीं होती।
जब कठोर हुई प्रतिक्रियाएं ये कहती हैं
ये रहा तुम्हारा जीवन...मेरे पास ...ब्रह्मपाश में
तब अकुलाती धूम्र सी देहयष्टि में
एक कम्पन होता है
और उजाले की किरण
उछलती...कूदती
अनायास आ धमकती है
सारे कपाट खुल जाते हैं

कहीं हवाएं जर्द पत्तियां लाती हैं
तो कहीं सुवास,
कहीं मुँह उठाए
बेला की फुनगी कोने से झांकती है
और हवा...
दीवारें ढह जाती हैं
कहीं कोई अवरोध नहीं
स्वीकार ही स्वीकार
साक्षी बनो !
साक्षी बनो !
सागर के किनारे की स्मृतियां बुलाती हैं
पहाड़ों से टकराकर
लौटती प्रतिध्वनियाँ घेर लेती हैं
एक धुंध सा छा जाता है।

जाने कब आँगन में पहुँच गया हूँ
मेरे पैर भीग गये हैं
मेरी आँखें भीग गई हैं
मैं भीगा हुआ लेटा हूँ
मेरे साथ चाँद....तारे...पंछी
सारा आकाश लेटा है।

ये मेरी दुनिया है
मेरा सत्य है
मन भर-भर कर
ये कहता है
हुलक-हुलक कर गागर से
स्वर्ण काल में भरा पानी
आँगन में बहता जा रहा है
.......रीतता नहीं !

## बिन काजल कजराये नैन !

यहाँ बैठा हूँ
सामने तालाब है
खिले हुए कमल के फूल हैं
एक मुई इच्छा भी है
देखूँ तो कैसे...?
सुरमई आकाश पर
रोशनी ठहरी है
भूरे बादलों के बीच
एक असमंजस है।
इस अनाम अनजाने वृक्ष के नीचे
कोई बुद्ध कैसे बन सकता है?

बसंत आया
फिर शरद की श्वेत बाहों पर
रात भर चुपचाप ओस बरसती रही,
बदला तो कुछ भी नहीं
वही आकाश था
और वही त्रासदी करती हुई
विक्षुब्ध आँखे थीं
अंतर के भुवन में
चीख से घुंघरुओं की आवाज़ तक

मौनातीत मौन
घुल गया था
पास और दूर होने का
दर्द भी ये नहीं था
ये भी इक मोह था -
कि याद करना चाहें
पर स्मृति में उभरे नहीं कुछ।
यही भय था,
यही कचोट थी
जो अनमना और अकेला कर देती थी।

यमुना की लहरों पर
कभी प्रणयी चित्त ने शंका की थी
किसी पहाड़ी साँझ को
मन उचट गया था
पर अब यही कहता हूँ
मन की आँखों से देखें तो
यह हमारा विश्वास ही तो है
फिर देखना तो
बस
एक प्रक्रिया भर है !

## एक पल उसने देखा था

मैं ढलान से उतरता
पल-पल संभलता
चीड़ के वृक्षों के बीच से गुजरा था
तब उसने,
एक पल मुझे देखा था
लेकिन वो पल,
एकान्त भय के आभास ने छीन लिया !
फिर एक पहाड़ी सोते के मध्य
एक प्रस्तर शिला पर
मैं जब थककर विश्राम करने लेटा
तब उसने धीमे से फिर कुछ कहा
पर कोई भ्रम जान मैं चुप रहा
और अब जब उ़से पुकारा,
तो वो कहीं न था !

## नाम न पूछो !

रहने दो इस अनाम उदासी को यूँ ही,
सहने दो दर्द की कुहेलिकाएं
बहने दो समय के गर्द में सारे जीवन स्वप्न
प्रीत की मधुर फली है
पकी है- तो फूटेगी भी
छिटकेंगे बीज जाने कहाँ-कहाँ।
पर अभी हृदय के खण्ड-खण्ड अस्तित्व पर
टीस भरी उँगली रख,
ऐसे न देखो
जाने क्या क्या कहाँ कहाँ बिखरा है
छोड़ दो इसे अपनी ही एकान्त व्यथा पर
बूझो मत संयोजित मन के
उत्साह भरे प्रश्न,
गहने दो भीतर ही भीतर
टूटन की सुन्दरता को
फिर उठने दो,
मौन के अक्षुण्ण तप में पले गीतों को
अभी ठहरो
शून्य के इस
कालावर्त्त में
तुम उसका नाम न पूछो !

## प्रार्थना के स्वर

श्रृंगार पूरित आँखो से
सब कुछ लुभावना लगता है
पिघलती है लेकिन जब बर्फ की सतह
बदलते हैं बादलों के रुख
तब खोजती है - दलदली निगाह
भूरी काली चट्टान पर
कल्पनाओं के चिन्ह
जो कहीं नहीं होते।
हवाओं के थपेड़े
लकड़ी की बंद कोठरी में
अदृश्य चित्र बना जाते हैं।
चित्रमयी इस कारा में
मोहित हुआ बोध
समय के पहरुओं को
सुप्त कर देता है।
उस कारा से
उठती हैं फिर बहुत सी परछाईयाँ
जो विचारों की चादर खींचकर
प्रयास करती हैं चेतना को ढांकने का
तभी कहीं से उड़ता एक पंछी
चोंच में दबाकर चादर को

दूर कहीं उड़ जाता है !

फिर चेतना स्वैरचारिणी हो
मानसरोवर के किनारे नहीं घूमती,
विपुल केशराशी फैलाए
सुगंध में मदमाती
शाम की धुंधलाई लड़की सी
दहलीज लांघ कर
गहन अँधेरे में उतर पड़ती है
पर कहीं भी गलियों में
बर्फ के गलीचे नहीं मिलते
मिलती है सिर्फ सूखी भूरी चट्टानें
चाँदनी में नहाता अकेला आम का पेड़
और पत्थर पर बैठा एक पागल
जो शायद इस सब से अनभिज्ञ
आकाश की ओर देखता हुआ
अट्टहास करता है।

ये यंत्रणा है
गहन यंत्रणा।
श्रृंगारमयी आँखों को बंद कर लो
पत्तों को उड़ाती,
फूलों को सहलाती
इस ऋतु में
मैने देखा है
कि ये भी पलायन है
जो तुमने सफेद पीले कनेर के फूलों को
प्राची की सुनहरी आँखो से देखा है
न ये वास्तविकता है
न ही यथार्थ।

किसी भ्रम को
परिधान समझने के लिए आकुल
एक भीड़
इकट्ठी हो जाती है एक व्यक्ति के इर्द-गिर्द
जो इस संत्रास में सुरक्षा चाहती है उनसे
जो संभवतः कुछ दे नहीं सकते।
उधर धुंआ उगलती चिमनियों में उठते विकास
और अणु-परमाणु की बढ़ती विध्वंसक श्रृंखला
ये आभास दिलाती है
कि यह सब कितना क्षणिक है।

हमारी आकांक्षाएं
उसकी पावनता को छलती हैं
मंदिरों से उठती घंटियों की टंकार
मुहल्ले में रटी-रटाई परम्पराओं का शोर
वाक पटुता में निपुण पांडित्य का आडम्बर
पागलपन है -
जो दग्ध करता है
जीवन सौन्दर्य को।

प्रभु!
तुम्हारे इस पावन पुनीत मन्दिर में
होने से प्रार्थना उठती है
की नहीं जाती
इसे एक नन्हीं चिड़िया भी जानती है
जो चहचहाती हुई
सवेरे ही कहीं उड़ जाती है !

# भ्रम और मोह

इतनी विलगता होते हुये भी
मुझे नहीं मालूम क्यों
पहले से अधिक उसी विलगता के करीब
इतना क्यों हूँ?
कोयल की अकुलाहट
किसी भी संदर्भ में क्यों न हो
अकुलाहट ही है!
फिर मन में कभी भी इतनी
अस्वीकृति आ सकती है
मैं ऐसा क्यों नहीं समझता
और फिर तुम्हारी आँखों की तुलना
किसी सुन्दर मृगनयनी से
क्यों करता हूँ?

## भावना

विदग्ध हूँ....अन्यमनस्क नहीं
असमर्थ हूँ
अकिंचन हूँ
अज्ञानी हूँ
अस्पष्ट हूँ
- ऐसा भी समझो तो
पर अब कहता हूँ-
एक गुलाब का सुंदर-सा फूल
मेरे आंगन में
किसी के लिए नहीं खिला!

## क्या करूँ

एक निस्सीम सागर मुझमें भी उमड़े
तोड़ दे जो बंधन सारे
उथल आयें तल से
सतह पर—संचित सामग्रियाँ।

या फिर मैं -
बरसते पानी में
उड़कर बादलों के पार से
जल-निमग्न धरती को देखूँ
और आकाश की सीमाओं को
नूपुर बँधे पदचापों से रौंद दूँ
या-
सीलन भरे इस कमरे के
किसी सूखे कोने में सिमटकर
तुम्हें याद करूँ !

## तुम्हारे साथ...... तुम्हारे बिन

एक कोलाहल उभरा
किसी ने कहा-
भाग चलें !
रात बीती दिन ढला
और शाम ....
जहाँ पहुंचे वहाँ
सिर्फ मैं था
और मेरा सहचर-
क्षितिज के छोर पर बैठा
लाल - सतरंगी डोर
आकाश के इस कोने से उस कोने पर
डाल रहा था।
पछतावा न था
दुख न था
बस एक अनकही पीड़ा सी बिफर उठती थी,
यहाँ मैं नितान्त अकेला बैठा सोचता था
बंद सीपी सागर कैसे उकेरती होगी?
और पुनः तुम कोलाहल बनोगे
तो क्या कहोगे?
मुझे अकेला छोड़कर तुमने अच्छा ही किया......।
मीरा सखियों के साथ पनघट पर

रीती गागर ढोलती जाती है
पनघट रिक्त हो जाता है
अनजाने ही शब्द
धमनियों से प्रार्थना बन
फूट पड़ते है !
मीरा हुई चेतना स्तब्ध है
व्यथा की कारा में बंद पूछती है-
क्या तुम मुझे .... तुम्हारे बिना देखना चाहते हो !
पर समर्पण का ये इतिहास तो
कितना पुराना है ?
इस क्षण क्या
इन ठंडी हवाओं को सहने का सामर्थ्य भी न दोगे
तुम .... तुम
जो आकाश का वस्त्र बुनते हो !

## माया-दर्पण

मेरे चिन्हों पर आओ
जहाँ चट्टानें कण- कण होकर
बहती नदी में समा रही हैं।
वहाँ  जहाँ सूरज की किरणें पंक्ति बाँधे
कुहासे की सघनता में छिपी हैं।
और जहाँ उतरकर
हम एक दूसरे को साफ-साफ
देखते हैं
छूते हैं !
द्वन्द्व व्यवधान है
किन्तु
माया दर्पण को अपने दर्पण में देखकर
जो बोलते हैं।
उनकी श्वास के प्रतिबिम्ब
आकाश के परिन्दे बन जाते हैं
जो पीली सरसों के खेत पर
बैठते हैं !
मेरे साथ आओ
जहाँ हम याचक न होंगे
और मेंड़ पर खड़े होकर
घाटियों में आवाज दे सकेंगे!

## तुमने कहाँ देखा था

विराम न मिला,
आयाम बढ़ते गये
उठता रहा आधार पर विश्वास
पर तुमने कहाँ देखा ?
इंच-इंच उग आए जंगल पर
भटकते - घूमते
यकायक सागर का मंथन याद आना
भीगे पैरों से
लहरों पर दूर तक चलना
'कुछ' न पाना
शून्य में थकी दृष्टि का विलाप
- तुमने कहाँ देखा था ?
मेरी आँखों में धूल भरा सावन
और तपते-रेतीले-दृश्य-अभिलेख
कि मीनार पर लगीं
समय की सूईयाँ रुक गईं
और हाँफने लगी -
उसको फिर गतिवान करने के लिए
आकाश से उतरी पीली-पीली उंगलियाँ
समय का मुझसे दूर खड़े आमंत्रित करना
और मेरा -

उन्हीं पीली उंगलियों के सहारे
आकाश छूने का प्रयत्न -
तुमने कहाँ देखा था !

## एक चित्रण

नीम की नई कोपलों से
चहकी एक चिड़िया ,
आज रात ढले,
वीणा के तार चटके
कोई सरगम ही चुरा ले गया।
उषा-काल में
मौन रहे
फिर किसी ऊसर खेत में बैठे
सांध्य गीत गाया।
अंतिम रश्मि ढलने लगी
नीम की फुनगी से,
कि
एक चिड़िया
बहकी सी उदास फिर
ढूँढने लगी
अपना नीड़
ऐसा हुआ
आज
सुबह और शाम!

## दो पल - दो चित्र

अलबेली हो!
साँध्यकाल की ढलती लालिमा में
घुलती गई उष्ण कालिमा
व्योम पर छाई दिग-भ्रांत चेतना
छत के किनारे पर उठी,
सुरमई फूलों की फुनगी
मंथर सांध्य - पवन में ,
हज़ार बार डोल-डोल गई !
भोली हो !
हठी जाती हुई अंतिम किरण
कर गई निशा के गात पर -
ललाई लि़ए मेघोत्पल्लित
एक चुँबन,
लतिका की उलझ गई फुनगियाँ
आषाढ़ के रंग नयनों में घुल गए !
फिर कहा
प्रियतर हो,
मधुरिम हो,
मधुमास हो,
चितेरी हो,
भाव प्रतिमा हो,

कल्पना हो,
मेरी हार जीत का इतिहास हो,
मेरा संगीत हो,
आदि हो,
अंत हो,
पर छाती गई और और कृष्ण कालिमा
बस बुदबुदाता रहा मन
अंतर के कोटर में !

# दर्प

दीप के मद्धिम प्रकाश में मैं खड़ी हूँ
सामने दर्पण है,
यदा-कदा
जिसमें आमुख अपना प्रतिबिम्ब
देख लेती हूँ।
अहमन्यता में ही - कहीं आलम्ब खोजती हूँ
जो कहीं मेरे ही संशय का
रूप हो सकता है -
और दर्पण में
अपने को ही निरखने का मान
और ये भी कि खोई नहीं हूँ।
किन्तु कब तक ?
जब तुम कह दोगे
या
मैं जान लूंगी
कि ये मेरे समर्पण में बाधा है
तब ये दर्पण तोड़ दूँगी
आसरा जब तुम दोगे
तो ये
अस्मि-आसार
क्यों न त्याग दूँगी

फिर जब तुम ऐसा चाहोगे ही
तो मैं
ऐसी हो ही जाऊँगी !

## समाधान

प्रश्नों और इच्छाओं को
इतना करीब ले आओ
कि प्रश्न और इच्छाएँ
अलग अलग तुम्हें भ्रमित न करें
प्रश्न अगर इच्छाओं के साथ
सागर की लहरों पर उभरें
या
विस्तृत आकाश पर फैल जाएं
तो रहने दो उन्हें उतनी देर ही
कि इच्छाएँ दबे नहीं
सिर्फ बह उठें
और प्रश्न-
पर्वत के शिखर पर
घिरते फैलते धुंध के साथ
नाचने लगें
गाने लगें!

## अनुभवों के पार

आज फिर कुहासा फैला है
एक तस्वीर और इस धुंध में सिमट जाएगी
खालीपन से उकता कर,
मिटी हुई लहरों के रिक्त स्थान पर,
कोई चलेगा नदी के किनारे
प्रथम प्रहर से
रात के अंतिम प्रहर तक।
इसी तरह हर बार ये कुहासा फैलेगा
इसी तरह एक तस्वीर सिमटती रहेगी
इसी तरह एकान्त दायरा बढ़ता रहेगा
पर जब नदी के किनारे-
पद चिन्हों से विमुक्त कोई स्थान न होगा
तभी क्या
देख पाऊँगा तुम्हें ?

## एक पल

(ज़ेन से प्रभावित होकर)

एक पल जो वो रुका,
तो शून्य
अनन्तता में थम गया।
शाम के झुटपुट उजाले में
एक भी चिड़िया नहीं आई
वो अकेला ही,
चुपचाप,
खाली चट्टान पर
विमुक्त
बस बैठा रहा !

## स्वीकार

त्वरित गति से गिरकर
झरना - सहस्र धाराओं में बंट जाता है
बहती धाराएं -
पहाड़ों में रहस्यमयी गूंज पैदा करती हैं।
अबोधता के मर्मर को छीन लेने का दोष
किसे दें?
कोई स्पर्श ऐसा नहीं -
जहाँ विश्वास झोली फैलाए खड़ा हो जाए
और मन कह सके -
तुम सच थे।
शाम ढल जाए
रात हो जाए
और कोई आहट न हो
तब धमनियों में उठती इस प्रतिक्रिया का
श्वासों के तूफान का -
क्या करें ?
छोटी सी नैया
मृत्यु का स्पंदन
अस्पष्टता में धड़कता समुद्र।
इस दृष्टि को
कैसे नकारें

जो सौन्दर्य को वंचना बताती है
अबोधता के
दूधिया आंचल को छितराकर
कष्टकर धूप जिसे झुलसाती है।

सर्दियों की अकेली शाम है
हलका धुंधलका है
ऐसे में कोई चला जाए
तो पता नहीं चलता
यहीं कहीं स्तब्धता में कौंधता है -
क्यों नहीं हमारा प्रेम
केसर की महकती घाटियाँ बन गया?
क्यों नहीं तुम्हारा स्पर्श
इतना विश्वास दे सका ?
और क्यों मैने
हारकर यह स्वीकारा ?
और क्यों मैं
प्रश्नों की विभीषिका में उलझा?

पर इसी बीच लगता है -
ऐसा हुआ है—हुआ है
हमने जाने कब
पहाड़ों के मुहानों से
झरनों का संगीत -
चीड़ की पत्तियों पर
बिखरा देखा है...!

## मलिनता में भी तुम!

तुम्हारे अनन्त अस्तित्व में
यूँ खो गई
कि तुम पर ही शंका कर बैठी?
निरी बुद्धि ने छिन्न-भिन्न कर दिया
सौन्दर्य के भाव में भरी
बैठी रही
तुम नित नये आलिंगन का भाव लिए
खड़े रहे
मैं बीच पथ से ही लौट चली।
क्लांत हृदय लिए -
अंधियारे में बैठी रही
विरहित भाव उठा तो
निर्लिप्त नयनों के बीच
बिन्दु सा उभरा
फैलने लगा जो आकृति-हीन धब्बे सा
जाने यूँ पल-भर मलिनता मेरी ही
उभरी हो मेरे समक्ष
तो क्या
मेरी मलिनता में भी तुम ?

## कल्पनाएं

ये तुम्हें भी मालूम है
कि हर शाम तुम
कल्पनाओं के बंद बांध
खोल देते हो-
इसलिए अगर मैं नदी किनारे चलता रहूँ
रात देर गीत गाता रहूँ
और कसमसाता रहूँ
कि मैं जीवन के बारे में
कुछ नहीं समझ पाया
तो कोई आश्चर्य नहीं !
आश्चर्य तो मुझे है
कि मैं क्यों यह सोचकर
बैठ जाता हूँ-
दीपक के सामने
एकाग्र
चिंतित
कि अब नहीं भटकूँगा
किसी भी कल्पनात्मक भूल भुलैया में
मिथ्या ही समझ लूँगा
कि मैने कुछ देखा है
एक झरोखे से

कि मैंने कुहासे में भी
दूर दूर के दीप
दूर दूर के तारे
दूर दूर के गीत
देखे हैं - सुने हैं।
पर विफल हो जाते हैं
चाहे - अनचाहे सभी प्रयास
और दीप विभा के
जरा सा हिलते ही
दिखने लगते है, प्रभामय
चमचमाते बिम्ब - असंख्य।
आत्मोन्मुख होते हुए-
प्रथम सोपान पर
कितने ही काल्पनिक भेद
कितने ही भ्रम
वास्तविकता को
झुठलाते रहे।
साँझ ढले •
कल्पनाओं के खुले बाँध
ज्वार लाये - संवेग लाये
पर इस सोपान पर खड़े
बार-बार तुम्हें ही ना पुकारूँ
तो और किसे?
तुम्ही ने तो दर्शित किया है
ये मोड़
हाँ तुम्ही ने!

## जल-मंदिर

शहर के बीचों बीच
एक सरोवर है
एक जल मन्दिर है
मोहक,
आकर्षक,
निस्संग,
अम्लान
आमंत्रित करता!
शहर के लोग
देर अंधेरी रात में
सरोवर की ऊँची
पत्थरों की मुंडेर पर बैठे,
मैंने देखे हैं।

मैंने देखे हैं
प्रेमी युगल जो सम्मोहित से
जल मन्दिर की रोशनी में
स्वयं के आकर्षण में बौराये
कल्पित भव में विश्वस्त
जाने कौन-कौन सी बातें करते हैं
क्या-क्या वादे करते हैं।

मैने देखे हैं वो भी
जो अकेले बैठे
अनमने
अपने ही जाल में बद्ध
कातरता से,
जल मन्दिर को निहारा करते हैं।
ऐसे भी हैं कुछ बेदर्द
जो उस क्षण भी-
सरोवर की सीढ़ियों को रौंदते
धोते पछाड़ते
मैले कुचले कपड़े
क्रंदन करते हैं।
करुणाद्र हो तब
जल मन्दिर उन्हे अनुहारता है।

अंधेरा कहीं भी,
जल मन्दिर में नहीं।
जल मन्दिर में है–
सांत्वना,
आकर्षण,
मोह,
क्षणिक पलायन!
सरोवर की धीमी लहरों में
अंधेरा घुलता जाता है चुपचाप
रात की नीरवता में लहरें
विकराल भुजंग हो जाती हैं।
ऐसे में निस्संग
कोई शहरी ऊँची मुंडेर से नीचे
सरोवर की लहरें नही देखता।
अपना गढ़ा

महत्वाकांक्षाओं से लीपा - पोता
सुरक्षित - जल मन्दिर ही
उन्हें दिखता है-
पावन पुनीत।
पर ज्यों ही
सरोवर की लहरों का
गहराता गुह्य आलाप
बुलाता है
सारे शहरी चल देते हैं
सुरक्षित प्रश्रय में।
मछलियां अंधेरे-मौन में छपछपाती हैं
शंकातुर प्रणयिता चौंक उठती है
आकर्षण या प्रेम
अचानक यह व्यवधान
एक प्रश्न बनकर
उभर आता है
पर मोह भंग न हो
इसी से वे प्रेमी युगल और पास-पास सिमटे हुए
उठ जाते हैं।
अकेला शहरी व्यामोह में उलझा
अपने ही प्रश्नों से थककर
उसी से संतोष पाता
एक निश्वस्त आवाज़ किये
चल देता है।
इधर जल मन्दिर का आकर्षण
निशा की गहनता में प्रगाढ़ होता है
उधर सरोवर करुण क्रंदन करने लगता है
ऊपर आकाश की कालिमा में
सफेद बादल उड़ते हैं
तारे चमकते हैं

चाँदनी के तार कुहासे में लिपटकर
जल मन्दिर के आस-पास
आवरण सा बना लेते हैं।

पास ही एक बाग है
जिसमें अब कोई नहीं
सिवाय बीड़ी फूंकते चौकीदार के।
हरसिंगार की महक गहराती है,
श्वेत फूलों से लदी बेलें
और दूर्वा पर फैले श्वेत फूल
नक्षत्रों की तरह धरती पर
उतर आते हैं।
ओस कण
नभ से छिटककर
फूलों,
पत्तों
और घास पर
बिखर कर
उसी नमी से सारे बाग को ढक लेते हैं
जिस नमी से जल मन्दिर ढका है!
बस बीच में काली लहराती सड़क है
सिर्फ इतना सा फासला!
पर हाय !
इस बगीचे का मौन
जल मन्दिर और सरोवर के उस मौन से
कभी नहीं मिलता !

अचेतन के इस मानसरोवर में
बीचों-बीच स्तब्ध

आत्मज्योति से द्युतिमान
जल मन्दिर है
सड़क के उस पार
अमर बेल की तरह फैलता
मोहक लतिका कुंज है,
जिसमें आकांक्षाओं के फूल खिलते हैं,
हर शहरी उसी बाग में घूमकर
थका हारा सरोवर के किनारे बैठा
जल मन्दिर निहारता है
उसे भी आकर्षण का रूप समझकर।
ये भी एक रहस्य है,
गुह्यतम...
मैंने चुपचाप सड़क किनारे पड़ी
पत्थर की बेंच पर
दो पथिकों को देखा है
निस्तब्ध
एक दूसरे से बेखबर किंतु चैतन्य
शहरी की इस अज्ञता पर
अंदर ही अंदर
खून के आंसू रोते
अनिर्वचनीय सत्य है यह
सत्य है कि जलमन्दिर मेरे प्राण हैं
सरोवर की गहनता में स्तब्ध
बाग में खिले हरसिंगार की महक
वहाँ भी आती है
जहां मैं
बस अज्ञ हूँ
निरीह हूँ!
पर सुनकर भी
सरोवर की पदचापें

सड़क के उस पार
आ नहीं पाता।

भोर होते ही
प्रथम अर्चा जल मन्दिर का स्तवन करती है
लहरों पर लहराती है
दूर्वा पर फैले तुहिन कणों को चूमती है
और फिर सिन्दूरी बादलों में खो जाती है
सब कुछ एक दूसरे से गुंथा बिंधा
अज्ञात रहस्य है।

विशुद्ध जिज्ञासा
जल मन्दिर को आकर्षण नहीं मानती
देखे हैं उसने नाव से जल मन्दिर तक जाते
कई जिज्ञासु
पर विलुब्ध आंखे,
नौका का आधार
खोज- खोज कर
क्षुधा की अतीत व्यथा में
डूब जाती हैं
कोई आधार नज़र नहीं आता
कूद जाऊँ इस सरोवर की थाति पर
भ्रम ये भी नहीं करने देता
उधर जलमन्दिर का निमन्त्रण भी
रुकता नहीं...!

## मन के हारे हार है

नदी किनारे जाता हूँ
जैसा मन होता है
वैसा ही दृष्टव्य होता है
धीमी,
उदात्त,
तो कभी भंवरदार
असंख्य लहरें!

मसोस कर रह जाता हूँ
आंखों की किरकिरी
जैसे आंखे होने का बोध
वो किरकिरी हो...
किसी उष्णता से
छूट जाने का भय
वो किरकिरी...
लगता है
जिसके न रहने से
जीवन निष्प्राण हो जाएगा।

नदी के उस पार
सूखे पेड़ों का जंगल है

मेरे पास खड़ा चिलबिल का पेड़ है
जिसके सूखे पंखदार बीज
मुझे बहुत दूर-दूर मिलते हैं,
करीब से झांककर देखने पर
बहुत सी मछलियां
चाँदनी कांक्षाएं उपजाती हैं
पर विकार-रहित चट्टान
मुहं उठाए पड़ी रहती है,
अनजाने ही आंखो की किरकिरी
घुल जाती है,
अस्पर्श,
सम्पूर्ण
फिर भी मैं खड़ा रहता हूँ।
मन का उल्लास
टिटहरी की तरह
पानी की सतह
छू छूकर
उड़ता जाता है!

## जिजीविषा

इस कठोरता में......
या कहूं इस जिन्दगी के ठौर में
बैठे बैठे सच कभी तो
तुम बिल्कुल पत्थर लगे
निष्पंद,
भावविहीन!
कि जिस बन्धन से तुमने बांधा था
वही बन्धन
अंध-भुजंग सा फुफकारने लगा
रीत गई
रस भरी आंखों में
तुम्हारे प्रेम की अक्षुण्ण विराट लीला
आ गई जैसे छद्म शिला,
जहां से फिसला तो जैसे
घम्म सा खड्ड में गिरा
बचा...पूरा साबुत बचा
अच्छा हुआ न टूटी अस्थि कोई!
पर फिर आँखें न खुलीं
खुलीं तो जैसे धुली धुली
रंग रीत गये!
रस गगरी थामें राधा,

बावली मीरा...
मधुवन,
जमुना का किनारा
कदम्ब का पेड़
कनबतियां
स्वर-रतिया
सब कहते, सुनते, सोचते
सहम जाता है हृदय
जहाँ से फिसला हूँ
अब यहाँ इस कठोरता में
जिन्दगी के,
जिजीविषा के,
अस्ति के
इस वृहत् अनधिक जाल में
वहाँ से कैसे कहूँ....
फिर सुना दो
स्वर तुम्हारी बांसुरी के
मलिनता को पोंछते,
मनोहारी...
डुबो देते
यह सघन संसार
ऐसे मौन के भी मौन को
अनमना करते ...
स्वर प्रणीती के
तुम्हारी बांसुरी के!
कैसे कहूँ
मैं हूँ अभागा
पर चाहता हूँ
एक तुझको ही
... अभी भी !

पर जहाँ से लौट कर आया
यहाँ आत्मबद्धता के सुहाने जाल से
वहाँ से
तुम लगते हो
सच ...
प्रस्तर ही!
डाल देते हो जब तुम्ही
संसार की
व्यवहार की
इस विघ्नकारी संसृति में
फिर क्यूं न कहूँ
तुम चाहते हो मुझको
यहाँ इस लुब्धता के बीच
देखना चाहते हो... मुझे
नाचता कठपुतलियों के साथ,
तो नाचूंगा
पर कहो फिर कैसे
...तुझे साचूँगा?
सोचता हूँ
कर्म न करने की
दुश्चिंता का
परिणाम है यह
पर यह भी ठीक है
बस सौन्दर्य ही नही है तू!
बस आकर्षण का
सहचर ही नही है तू!
क्या कहूँ
क्या कुछ दीन-हीन-मलिन,
त्रासदी को भोगता
भूलता जाता है तुझे

मन ही...मन पैठता जाता है
मनस्वी
क्या उसी को...
उसी को याद करता है
तू प्रभू!

## सभ्यता के मापदण्ड

जिसमें भी चमक है
मानो प्रस्तर है वह
हृदय नही है
कठोर है,
अभेद है,
निष्पन्द है
आनन्द नही है!
पर चमकती है मछली जो
सघन पानी के मध्य
मन को भाती है वह
दिखते हैं दंभ के प्रतिअंश जो
प्रतिष्ठित पद गौरव ग़रिमा के,
अट्टालिकाओं के वैभव,
सुगढ़ श्रृंगार,
दुनियावी उन्नति के नये नये विस्तार,
मृत चमड़ी को
सजीव करने के प्रयत्न
कॉस्मेटिक्स
मरकरी बल्बों की रोशनी में
डूबे चेहरे,
वर्ग भेद को जन्म देते

तकनीकी वस्त्र,
बड़े घर की बड़ी
किंतु थोथी नीरस भाषा
दूर से जब टेरती है
तो भूखे कुत्ते की तरह मन
जैसे रोटी के टुकड़े दिखाने पर
ऐसे पूंछ हिलाने लगता है!
चमक का प्रभाव है यह
जलाया है जिसने अंतः के अंश को
दंश है वह यह
कि दूर बैठा
सादगी से नहाता
चंदन सा स्निग्ध
कोमल,
चाँदनी सा धवल
श्रम से संवलाया
अपना ही घर पहचाना नहीं जाता !
पर उड़ जाती हैं
जब उंगलियों के स्पर्श से
प्रेम की गंध
मानवता दग्ध हो
कोसों दूर छिप जाती है
तब ...
पशुत्व के बोध से खण्डित
खोखला बौना,
नोंच लेता है चेहरा अपना
चमकीले प्रस्तर पर भी
उभर आते हैं तब
खून के निशान!

## पागलपन

सालों पहले जहाँ अटकी थी
कविता की फुनगियां
वहीं अटकी रह गईं
उपर सिर्फ निर्मल आसमान था
चाँद था
तारे थे।
इधर कभी जूही के
बेला के फूल
सुगंध खो बैठे
तो कभी चाँदनी के फूलों में
खुशबू के स्रोत उमड़ पड़े
कभी हृदय पाषाण बन गया
तो कभी नदी,
कभी झरना बन गया
सब कुछ हुआ इस दौरान
कि आसमान और धरती के
समन्वय बिंदु
क्षितिज के पार दिखने लगे।
ये दूसरा पागलपन है
किसी ने कहा।
हाँ सच ही तो है-

कल खिले हुए फूलों वाली
बुरूस की झाड़ियों में
संगीत फूटता था
ठंडी हवा में मादकता थी
गीत थे
आज वही बुरूस के फूल
रूखे से खिले हैं
पत्तियों पर एक गर्द है।
मन में यकायक एक भय उमड़ता है
क्या ये सच है
कि एक दिन तुम्हें खो बैठूंगा...?
होठ तरसेंगे-
चुप हो जाऐंगे
उंगलियां तुम्हें टटोलेंगी
ठहर जाऐंगी
पर मन की देहरी पर
खिंची हैं जो
गहरी गहरी लकीरें
भीति चित्र
कौन - कौन उन्हें मिटाएगा?
तृष्णा जब उठेगी-
भटकेगी-
रुकेगी उस चित्रित गुहा में
तब कौन कहेगा
तुम्हारे वियोग की गाथा को ?
कौन उस विरह व्यथा को उठाएगा?
कहो.....!!!!

## किसने कहा कविता नहीं लिखी गई

किसने कहा कविता नहीं लिखी गई
बस
शब्द ही तो नहीं उभरे,
कहीं एक सूखा पत्ता गिरा
शांत वापी में हलचल हुई
कुछ मछलियां उछलीं
कुछ बूंदें बिखरीं
फिर बनती गईं
अनगिनत तरंगें
ध्यानस्थ किनारे बैठी एक सीपी
सिमट गई
शैवालों के झुंड ने भी एक अंगड़ाई ली
चुप बैठी कोयल कूकी,
स्मितहास सा शून्यता के मुख पर बिखरा
और फिर सब वैसे ही
चुप- चुप सा हो गया
किसने कहा कविता नहीं लिखी गई
बस शब्द ही तो नही उभरे!

एक प्रश्न पूछा
तो झुक कर चाँदनी ने

छत की मुंडेर से उत्तर दिया
पर संवाद रुका नहीं!
धरती के आगोश में बैठे
घुप्प अंधियारे ने
न जाने कितने रहस्य छुपा लिए
स्वातिकण कहीं मोती बने
तो कहीं चातक की प्यास बढ़ाते रहे
ओस की बूँदों ने
हरसिंगार के फूलों पर
किसी के प्रेम का
मधुर संदेश कहा
अव्यक्त
पर अधूरा नहीं
किसने कहा कविता नहीं लिखी गई
बस शब्द ही तो नहीं उभरे!

पता नहीं शब्दों की खोज में
कहाँ-कहाँ फिरता रहा
नदी के किनारे कोई मुस्कुराया
तो कोई ठहाके मार
घाटियों में दौड़ता गया
कभी चलते-चलते नागफनी के कांटों ने
रोक लिया
तो कभी राह चलते बिखरे फूल
अपनी बात कहते गये
कितने ही भाव
कितने ही रूपों में
समय और आयाम के परिधिकाल में
उभरते रहे
गीत बनते रहे

बिगड़ते रहे
क्या हुआ जो एक रेखाचित्र भी न बन सका?
किसने कहा कविता नहीं लिखी गई....!

## झंझा के अन्तरीप

तुम्हारा विश्वास किया तो
मिला-
ये शून्य का अन्तराल
जहाँ रात नहीं होती
जागती रहती है क्षुधा की अग्नि
राहु केतु सी ग्रसती जाती है
जीवन के
दिन,
रात,
महिने!
पर जीवन के चिन्ह कहीं
रेतीले किनारे पर लिखे नहीं मिलते
चट्टानों पर उनका चित्र नहीं होता
पर किसी अज्ञात स्पन्दन में
धड़कने लगते है,
धरती,
आकाश,
सागर
तो कहता हूँ-
जहाँ तक मैं सोचता हूँ
उससे बहुत आगे तक
तुम्हारे संचरण बिंदु हैं!

## स्थितप्रज्ञ

उस वापी के पास
मैं अकेला था,
बस बरगद का बूढ़ा वृक्ष
किसी तृप्त जिज्ञासु की तरह खड़ा था।
मन कहीं से लौट-लौट आता था,
सन्निपात में रुके थे
सारे मनस तन्तु।
अतीव रक्ताभ हुआ रविकर
वापी के जल को
छू छूकर जैसे सिहरता था
यूं लघु-लघु तरंगे उठती थीं,
किनारे पागल हो,
जैसे उस ललाई को
छू लेना चाहते हों।
दूर कोई अनजानी चिड़िया
चहक रही थी
यकायक मन ने कहा,
काश!
पलभर सबकुछ
यूं ही रुक जाये
तभी खड़खड़ाते बरगद के सूखे पत्ते

पानी में गिरे,
ध्यान हटा,
हलचल हुई
और फिर किनारे से अंधेरा उतरकर
बरगद की प्रतिच्छाया में बैठ गया।
निमिष भर में
सबकुछ हो गया,
सबकुछ बदल गया,
मन की सौ-सौ उलाहनाएं,
थम गईं,
कह गया जैसे कोई,
पी जाओ इस आसव को,
सींच लो अपना उपवन
खींच लो यवनिका,
होने दो सागर का उन्मादित कोलाहल
पर इस स्थितिप्रज्ञ बरगद से
अपने मन को छुओ,
अभिव्यक्त हुए हर सत्य को
मिथ्या के कूड़े करकट सा फेंक दो
मौन रहने दो बस
आत्मपीड़ा के उपवन में
ये भी
रहस्यमयी विधा का
हीरक कण है।

## क्या कहें

हाथ की लकीरें
तो बस
अपनी ही ईहाओं ईप्साओं में दिखती हैं
मन की लकीरें
तो बस भूल भुलैया हैं।
अरे क्या कहें
है तो बहुत दुख
कि इस लेन-देन में
हरियाली का उत्सव सूख गया
मजबूरियों के कठोर कदमों से।
आंसू बहें
खूब बहें
पर खुद ही की भलाई में
कहें
-रहें!
सोचो
वरना यूं तो मन
क्या क्या नहीं सोचा करता ?

## वीतराग

बहुत से दुख एक साथ मिल गये
अंधेरे में-
एक पीला फूल खिला!
सांत्वना भरी ठंडी हवाएं
बार बार चलीं
बार बार चाँदनी ने
दुलार से निहारा
स्वप्नों की अलकाएं
कल्पनाओं की बलाएं लेने लगीं।
पर स्व-आहत हुई नीरव बाला
अपने आराध्य की-
छद्म-आकृति के नेपथ्य में छुपी
सांझ भर रोती रही।
कौन जानता है?
पुनःश्च-पुनःश्च
यह कौन कह देता है
छलना है यह!!!
और देखता हूँ
भोगता हूँ
तो मानता भी हूँ-
कि शब्दों की वंचना ने

विचारों की कलम से
एक आकृति बनाई है
और उसी में ऊब डूब कर
मैं अनुभव की झील में
डूब जाने का
खुद के रूप से
खुद को जानने का
आनन्द खो चुका हूँ
ये रेखाचित्र मेरा नहीं
वंचनातिवंचना है।

मन की निर्मल गंगा में स्नात्
ज्योर्तिमय शुभेच्छु
अपने आराध्य की
अनगढ़ बाला
क्यूं उदास है?

अपनी इच्छाओं से निकला
सत्य
सत्य नहीं होता!
अपनी कल्पनाओं में पला
सौन्दर्य
सौन्दर्य नहीं होता
बस गवेष्णा से प्रियतम नहीं मिल जाता
मानो अब भी-
आये हो इस रस विहार में
तो खोना ही पड़ेगा
इधर की छद्म चुंधियाती
चकमक से
भला उस पावन दीप ज्योति का

क्या काम ?
यूं तो चूम लेती है
वो भी मस्तक मेरा
सुशोभित होता हूँ
मैं भी गगन में
करता हूँ जब उद्‌घोष-
वीतरागी बन-
वसुधैव कुटुम्बकम् का!
पर आज बहुत सी उदासी
एक साथ घिरी है,
आशान्वित वीतराग
पीले फूल की तरह
अंधेरी रात में खिल रहा है!

## अराधना के क्षण

आज सुरभिमय हवाएं चलीं
आभा से द्विगुणित विच्छिन्न मेघराशि
सूरज की डूबती किरणों को
मानो स्थूलाकार कर रही हो
ऐसी आनन्दमयी सांझ आई!
नभ के किनारे शिथिल हो धूमिल हो गये
कई सांध्य तारे उगे,
शहर के मन्दिर
घण्टियों की टंकार से गूंज उठे,
नीम की लालाभ कोपलें सरसरा उठीं
गलियों में शब्दों के भ्रमर गूंजने लगे
छत की मुंडेर पर रखे हाथ सुन्न हो गये
पुनःश्च मन ने जाना,
कितने ही
आरोहों अवरोहों के मध्य,
सांझ इतनी ही शान्त और सुरम्य
हो सकती है।
मन मन्दिर में
दिन याम की
मिलन संध्या,
आराध्य को रूपगर्भित करती हैं

ऐसे में घण्टियों की टंकार
वाचालता है!
अपने आराध्य की
प्रेमाराधना पर आघात है!
फिर
ऐसे ही क्षण
अचानक यह भी कौंधा,
कहीं अपनी ही बद्धरूपता
क्षितिज के अक्षत् मुकुर में
देख-देख,
ये छलनामयी खेल तो नहीं खेल रही
क्योंकि ...पहले भी
कई झुटपुटे ऐसे ही सुहाने,
..... रिक्त बीते हैं!

## पीर कही न जाये !

एक निकुंज मेरी आंखों में सूख गया
एक चांदनी रात
टुकड़े-टुकड़े हो गई
क्षणभर में..........
गुह्य प्रेमश्रुतियां,
मुखर नहीं होतीं
चाँदनी की श्वेत पलकें
निर्निमेष -
झुकती जाती हैं
तब शब्द के भीतर ही भीतर
उतरकर पीर
अतल में विरत हो जाती है।
प्रीत की भवितव्यता
गले में कांटे सी सालती है।
शब्द में उतरी पीर-
पीर नहीं कह सकती
ये भी मानो!

## कैसे आऊँ जमुना के तीर!

तुमने नीली स्मृति को-
धीरे से छुआ
और मैं स्वप्न की मोहकता से
अचानक जागी!
जाने कब-
बांसों के झुरमुट
जमुना का तट
और कदम्ब का पेड़
नीले आकाश पर-
मेरी अधूरी कहानी बन छा गये!
जाने क्यूं-
मुझे ऐसा लगा कि
बांसुरी के सुर मुझे खोज रहे हैं!
जाने कैसे
मैने जाना कि
तुम कोई अजनबी नहीं!
यूं कुछ देर तो-
जमुना की रेत से खेलती रही
हल्की-हल्की सी पुरवा में घुली तान ने
पोर-पोर में मादकता भर दी
और मैं झूमती-झूमती
झुटपुट अंधियारे में लौट आई।

फिर जाने किन- किन दिशाओं में
अनभिज्ञ स्थानों से-
गजरे के लिए केतकी के फूल
और पैरों के लिए नूपुर
खोज लाई
फिर
घुंघरू बांधे,
मेंहदी रचाई,
बिंदिया लगाई
यूं कि रूपातीत को
रूपायित करने में
आंखों ने दर्पण में
संभ्रमित तो-
'अपना ही रूप देख लिया!'
अचानक आस्था पर
निरापद शंका छा गई
गाते नूपुर,
बोलती मेंहदी,
शर्माती बिंदिया,
सारा साकार श्रृंगार-
नीले आकाश पर
जमुना की रेत टटोलने लगा
विवश व्यथा - आस्था से वृहद हो गई
नीली स्मृति - धुंध सी विस्मृति हो गई
प्रश्नों ने जाने कब
आंगन की देहरी पर बैठा दिया
व्याकुल करती-
बंसी की धुन
और और मीठी होती गई.....।

## बर्फ के घर

एक तीखी डाह भरी हंसी
ठंडी हवा में गूंज रही है
बर्फ के सफेद मैदानों में
नई घास के तृण
बर्फ के छोटे घरों में
छुपे हैं।
रक्ताभ किरणें-
हरे मैदानों में दूर तक फैली हैं
ऐसे में
मुझे धुआंसे-कुहरे में घिरा
अपना घर याद आता है!

काली सड़कें
अन्तहीन तैरती जाती हैं
पर दरवाजे के सामने ही
मौहल्ले का पड़ा कूड़ा करकट
अजीब सी दुर्गन्ध फैला रहा है
कारण अकारण ही
एक काला साया
हांफता सा भागता है
लौटता है बदहवास
पलकों में वीरानियां उतर आती हैं!

नहीं है साया
मन का ही भ्रम है
रोती- रोती आंखें कहती हैं।
पर डाहभरी ये हंसी....?
मां मां!!!
अचानक क्यूं लगा कि तुम्हारे पवित्र आगोश में
सिसक-सिसक कर रोता रहूँ
और तुम अपनी ठंडी नर्म उंगलियां
मेरे बालों में फेरती
पुनः जीवन की सांत्वनाएं भर दो
टूटे बिखरे सैंकड़ों तार जोड़ दो!
क्यूं......आखिर क्यूं?

मेरा रोम-रोम
जंगल की गर्म उसांस बनकर
भभकता है
जंगली झरनों का शोर
दिल से फूटकर
मुंह से गर्म खून की तरह निकलने लगता है
पर बर्फ के घरों में छुपे अंकुर
धमनियों की गर्म अकुलाहट में भी
नहीं उभरते
बर्फ अप्रभावित सी जमी रहती है
एक चीख उभरती है-
जो उस काली सड़क पर थोड़ी दूर चल
बर्फ में दब जाती है।

फिर जिन्दगी कूड़ा-करकट, दुर्गन्ध!
पुनः पुनः मुझे अपना घर बुलाता है
पुनः तुम याद आते हो।

## सत्य का निर्झर स्वप्न

ये हवा वैसी न थी
इसमें गर्द थी
यह धूमिल थी,
जर्द थी!
आते ही उसने
तोड़ दिए गुलाबों के गमले
तोड़ दी प्यारे कैक्टसों की कंटकीय डालियां
फूल भरी गदराई मोगरे की फुनगी
झितराए चाँदनी के फूलों की डाली
नोंच दी!

मैं भौचक्का सा अनाहूत इस यातना चक्र को
देखता रहा-
हर नोंचने पर,
तोड़ने पर,
दिल के बहुत से टुकड़े
बादलों से हल्के होकर आसमान में
उड़ गये-
दर्द हो गया आसमान!
आरक्त हो गया आसमान !

मोथरी व्यवसायिक बुद्धि बोली-
ठीक ही तो है,
आखिर इन गमलों का,
फूलों का,
क्या करते?
अच्छा ही किया उसने
अब स्वप्न तो न देखोगे..... !

हवा अब एक मोहनी सूरत बन गई
उसके बिखरे बाल हवा में लहराए
स्मित-पलकें उसने उठाईं-
तो अचानक मैं चकराया
वही छद्‌म मुस्कान तो है
पुलक सी - हिलोर लेती,
वही जिसने कभी
सौन्दर्य के प्रेम से
प्राणित किया था
हाँ छलना!
वही छीन रही है
अब अपने सौम्य उपहार
अनाचार
घोर अनाचार!

पर कहाँ?
इस सारे गुंजलक में
मैं ही मैं मिटा हूँ
हारा हूँ-
गुदड़ी में सिमटा हूँ
कुछ दिनों,

कुछ सालों,
टूटे गमलों,
टूटी डालों,
नोचे हुए फूलों
सूखी बेला से भी विहीन
ये बगिया,
कैसी सांय-सांय करेगी।
खिंचेगी मन के तारों पर
ऐंठन भरी शून्य की आकुलता
जो समझाए नहीं समझेगी।
पर टूटेंगे ही मोह के सेतु
विपिन पुलिन पर
उस पार छोड़ जाएंगे
जो अकेला
वो सब बहुत-बहुत याद आएंगे।

पर मिथ्या है यह-
कल्प-भास है,
क्षणिक धुंधला आभास है
सौन्दर्य के छितराऐ टुकड़े भी
उल्का बन गिरते हैं
तो आश्चर्यचकित से भौचक्के हम सोचते हैं
कैसे होंगे वे,
कहां गिरे होंगे,
किसने उन्हें छुआ होगा!
फिर मन इस सौन्दर्यानुभूति में
मूर्तिमान हो उठता है
प्रतिमा अप्रतिम नहीं होती
भग्न हो जाती है

पर सौन्दर्य फिर भी कहीं जाता नहीं!
जैसे कि पूनों की चाँदनी में नहाते
बाजरे के खेत-
हिलता बिजूका-
चाँदनी में नहाई पगडंडी पर
अकेला जान,
जाने कौन - आंख मूंदकर
पूछता है,
बताओ
मैं कौन हूँ?

## अब तुम ही संभारो सकल काज!

नित जिसे उगते सूरज ने
दोनो हाथों मे भरे लालाभ फूलों से
सजाया हो
जिसकी चरण रज छूने
गंगा की लहरों ने
एक पल भी न खोया हो
जिसे गली गली वीतरागी ने
गाया हो...
'प्रभु तुम चंदन हम पानी'
उन्ही घाटों पर
आंखों ने जीवन के कितने ही
स्वप्नों को
प्रतीक्षारत देखा।
मंदिर मे बजती घण्टिकाओं ने अगर
भक्ति के आयाम दिखाये,
तो
मणिकर्णिका के घाट पर
न बुझती चिता ने
नश्वर जीवन के
एक शाश्वत सत्य को
आंखों में भरी इच्छाओं पर

एक प्रश्नचिन्ह-सा लगा दिया।
वैराग्य भैरव के स्वर
लहरों पर बहने लगे
नाव में बैठे-बैठे
लाख समझाने पर भी
मन न माना
और सवेरे-सवेरे
एक अनजान रास्ते पर
चल पड़ा
फिर वीतरागी ने गाया-
अब तुम ही सम्भारो सकल काज!

## पिय के द्वार

जिसने भी वो आहट सुनी
वही पागल हो गया।
स्वीकार की चरम परिणति में भी
प्रतिकार उतना ही प्रबल रहा
अनन्तोगत्वा,
वैषम्यों के उस पीड़ाजनक जाल से
जब सौष्ठितपुँज सी प्रबल रश्मियाँ
जलाकर राख देतीं
(चूँकि बिखराव में भीषण तपन थी )
तब भी झुरमुट से छन-छन कर रोशनी आती रही।
वैषम्यों का वह अनिवार्य तत्व भी
अन्त में झुलस-झुलस कर
महीन आवरण भर रह गया।
आँखों का तनाव शिथिल होकर
फिर शाम को वापस लौटते -
छोटी लम्बी पंक्तियों में
कीर - कपोतों के
झुंड देखने लगा।
नदी की सतही लहरों से
भीतर के कोलाहल तक
एक वर्धित निस्तब्धता -
आकाश की निस्सीमिता

छूने को फिर बढ चली।
कभी, कहीं,
कैसे भी - कुछ भी
व्यर्थ न गया
तब - जब मोहित था
अभीप्साओं के पैशाचिक हाथों में
कठपुतली की तरह नाचता रहा था,
जब स्थूल भाव
एक अभिमानी चट्टान की तरह
अडिग खड़ा था,
जब कहीं कोई सामंजस्य न था
सब कुछ शव की तरह ठंडा और अस्पष्ट था
तब भी जैसे उसने
नया निखार दिया था।
संतराश - सुरमई चेतना पर निरन्तर प्रहार करता है
दर्प आहत होता है
दर्पण में अक्स भी बदल जाता है
निराशा की गहन पर्तें छा जाती हैं
पर जाना कि वही- वही टूटता है
जो मिथ्या ही सत्य का मुखौटा बनता है।

अनुभूति का पुनीत सिंधु-
- एक बार उत्तेजित हो पुनः शान्त हो जाता है
तट पर टूटे-फूटे - बिखरे
असंख्यों कांच के टुकड़े,
प्रतिबिम्बित करने को संजोये
व्यर्थ पदार्थ
और फेनिल-दर्प,
स्वमेव नियन्ता की नैसर्गिकता
झलकाने लगते हैं

भेद - स्पष्ट दृष्टिगोचर होने लगता है।
यही दो छोर हैं -
पदार्थ और पद
अर्थ और बिंदु
स्थूल और चेतना
जिसके मध्य है -
शिवत्व
कैवल्यभाव
कृष्णभाव !
पागल हो जाना - परिणति नहीं
- भाव है
वस्तुओं को देखने का - कैवल्यभाव।

मन निरन्तर कुहरे से भरी घाटियों
और स्तब्ध चीड़ वनों के बीच
भटककर
इस जेठ के तपते कमरे में लौट आता है
अपनी सभ्यता को आस पास से
कुरेदता हूँ
और अपने उसी अकेलेपन को लिये
द्वीप से खेतों की हरियाली
और शहरों के बीच
बलखाती जीती जागती
सड़क बना जाता हूँ।
इन सब के बीच
मेरा उद्‌भव है विकास है
पागल न हुआ तो हतभागी हूँ
वरना कौन
उस आहट को सुनकर
पागल नहीं होता !

## दिखी भी थी बसंत कहीं

(1)

अनुभूति की थाह
संवेदना ने जाननी चाही
सुबह से सांझ हो गई।
अनुभूतियों ने करवट बदली
........कायाकल्प .......
स्मित-सी वो निकल गई
संवेदना अवाक बस देखती रही !

(2)

अचानक ठंडी हवाओं का झोंका
बसंती गुदगुदी सी भर गया
अनाहूत नहीं आया है
ऊब डूब गया - स्वागत तो करना होगा
दर्पण में नख-शिख निहार
अंतर वातायन के पट खोल दिये
प्रयत्न की अप्रत्याशितता ने
दुखाया तो बहुत -
पर वो आ गया - पहले की तरह

इस अनुभूति ने -
वातायन में स्वर्ण केसर बिखरा दी।

(3)

बोलो - क्या करें?
बसंत आ गया है तो
उल्लास रोम-रोम से फूटने दें
पीले केसरी फूलों के सोपान बनाकर
फूल-परी से मिलने चलें
उषाकाल में नूपुर खनकाती पीली किरण को
छत की ऊंची मुंडेर के ऊपर ही थाम लें
या............
फिर तुम ही बताओ
क्या करें?

(4)

विश्वास तो नहीं होता ...!
-तुमने कहा -
मैने कहा,
वो दूर सुधियों को डूबते देखो
अनुभव करो....
क्या बुद्धि अड़चन तो नहीं?
अनझिप तुम कभी दूर, कभी पास देखती रहीं
आंखो से डूबता सूरज झांकने लगा
तुम अपने ही प्रश्न की
अनभिज्ञता में उलझ गईं,
सुदूर मैने भी देखा -
बसंत आ गया है!

(5)

उसके भी अभ्यस्त हाथ
प्रतिमा गढ़ते-गढ़ते थक गये।
प्रातः, सन्ध्या, निशा, ऋतु परिवर्तन,
आषाढ़, सावन, शिशिर, बसंत !
एक-एक किरच एक-एक रंग था,
भावों की लहर थी !
थक गया...सो गया
तन्द्रा में उसने अपनी ही प्रतिमा देखी
सजीव व सौष्ठित !
पूर्वा में आभा होते ही
जाग गया
प्रतिमा खण्डित कर
वो पागल सा -
पीले सरसों के खेतों की ओर भागा
अन्तस की द्युति ने -
प्रमा के बंद कपाट खोल दिए !

(6)

इस क्षण ....
नहीं ... कभी और !
अभी सारी इच्छाएं तुम्हें चाहती हैं
अगले क्षण .........
न जाने कैसी वेदना फूट पड़े
तब वीतराग - आत्मानुराग बनाकर
अपने को समेट ले,
अभी मोहग्रस्त हूँ ........
और तुम्हारा हूँ !

(7)

देखो,
इस साल ये पतझड़ और बसंत
कैसे साथ-साथ आ रहे हैं?
अपनी आंखो में देखो
मेरी पलकों में देखो
पीले बसंती फूलों का उत्सव
और
खड़खड़ाते सूखे पत्तों का रुदन
क्या ये पागल कर देने को पर्याप्त नहीं?

(8)

विवशता - सच में तुमसे दूर है
तुम तो बस उस विवशता की -
एक समग्र उत्प्रेरक हो।
सच में ये सांझ ये सुबह सब तुम्हारी है।
पर क्या करूं ...
तुममें कहीं वो दरख्त नहीं पाता
जहाँ हांफ कर बैठूं
तो निश्चिंत हो जाऊं !
या शीत में ...
तुम्हारे आगोश में सिमटकर
शिशु सा निःशंक सो जाऊं !

(9)

न जाने क्यूं-
वो छोटी चिड़िया चहचहाती नहीं?

न जाने क्यूं -
हर सांझ आंखों के स्वप्न
कतार बांधे पंक्षियों की तरह उड़ते जाते हैं?
अक्षुण्ण बनी पिपासा,
बिखरे-बिखरे बादलों की तरह छाई रहती है
संघनित हो बरसती नहीं !
सिर्फ एक थिरकन सी आती है
पर नूपुर नहीं खनकते
ताल नहीं उठती
कदम विवशता में
बड़े-बड़े गड्ढों में फंस जाते हैं
हृत-तंत्री पर वीणा के स्वर
खण्ड-खण्ड हुए
बड़े-बड़े पर्वतों और वृक्षों की चोटियों पर
बैठ जाते हैं
चाहना .....
घुप्प अंधियारे में उदास बैठी रहती है।

(10)

इस भूलभुलैया में
हम तुम फिर मिल गये
उदासी के बादल घिर आये
स्मृतियां ऐसी क्यूं होती हैं?

(11)

हम परेशान थे
तो हमने रातभर तुमसे बातें कीं
रातभर ... इधर उधर की तमाम !

तुम सब कुछ सुनते गये
अजीब श्रोता हो
रात बातों-बातों में बीत गई
फिर स्वर्णिम सवेरा हुआ
प्रिया ने आश्चर्य किया
मैने प्रथम बार
प्रभाती वन्दना गाई !

## वो रहा छलिया

धूप की किरण बादलों की ओट से निकलकर
हल्की फुहार में -
रेशमी बालों को खोले बैठ जाती है
सतरंगी-इंद्रधनुष छा जाता है
निमिष भर को कल्पना के तार झंझना उठते हैं
बूंद बूंद अलकों पर मानिक मुक्ताहार बन जाती है
बूंद बूंद कहती है -
मै भी बड़ी अनमोल हूँ
अनजान हूँ।
धूप की बौराई किरण,
काजल की बिंदिया लगाये
लजा जाती है
और पलभर को एक सांवलापन
सारे आकाश पर छा जाता है -
बादल की एक कोर आभासिक्त हुए
नाच उठती है
सारी हरीतिमा झुक-झुक कर,
नव-वधुना की इस अनोखी अदा को
गहरी घाटियों में देखती है
जहाँ उसे बस सावन झूमता गाता
दृष्टिगोचर होता है -

तब नीली चिड़िया सुनहली चिड़िया से कुछ कहती है
और दोनों चहकती-चहकती डालों से दूर
आकाश की ओर उड़ जाती हैं
पत्तों पर ठहरी पानी की बूंदें
नीचे झर जाती हैं -
और पथिक चौंककर
देखता है
कहाँ से आई ये बूंदें
फिर खुद ही समझकर मुस्कुराता सा
डाली को जोर से झकझोरकर
भीगा-भीगा सावन के सारे रंग बटोर
चल देता है।
करील की कंटीली झाड़ियां उसे रोकती हैं
जूही पैरों में उलझ जाती है
अचानक फिर धूप की किरण निकलकर कहती है
वो रहा छलिया!

अन्यमनस्क हुआ चित्त
कुछ कहता नहीं
पर भीतर ही भीतर एक विद्रोह से भरा
घूमता रहता है
फिर किसी क्षण के माधुर्य में भयभीत हुआ
अपने नीड़ में आकर कहता है
- सावन का कंपन कण-कण में है
और आज वो मदमस्त हुआ
गली-कूचों में घूम रहा है
गुंफान घाटियां,
सारी पिपासा में सावन भर देती हैं
जहाँ प्यार हरी घास पर बैठा
बस गीत गाता रहता है !

# चढ़े न दूजो रंग

अभी -
एक प्रश्न है एक जिज्ञासा है
एक अधूरापन है।
अभी-
एक चाँद है
एक सागर है
एक नाव है
और मैं हूँ।

अभी-
शाम की ललाई है
बसंत है
उमंग है
तरंग है
बांसुरी के सुर हैं।

अभी -
अंधेरे हैं
उजाले हैं
कुछ खो जाने का दर्द नहीं
पाने की लालसा नहीं।

अभी-

निकुंज में
मन के मनई का आना
भाता है!

अभी-
पहाड़ की चोटियां छूने का
बर्फ पर लोटने का
सावन के झूले पर पेंगें बढ़ाकर
आसमान छूने का
मन करता है।

अभी-
कोई धिक्कारता है
कोई पुचकारता है
कोई बोलता नहीं
तो कोई बुलाता है।

अभी -
द्विविधाएं हैं
वंचनाएं हैं
दुख है सुख है
भूल भुलैया है।

पर अभी भी,
तुम मेरे हो
मैं तुम्हारा हूँ
और
चढ़ सकता हूँ
वो सोपन
जो तुम तक जाते हैं
अभी!
हाँ अभी!!

# एकांत

## पनघट पर

हला मेरी!
आज पनघट पर खो बैठी
वही जो अब तक
अंतर की गठरिया में बांधे बैठी थी,
फिर भरी-भरी गगरी लगी अधूरी
फीकी-फीकी सी रिक्त
अंखियों में भार लिए लौटी !

## नदी किनारे

नदी किनारे लहराती लहरें मिट गईं
स्तब्ध मौन,
सांझ को
अंधियारे उजियारे के बीच
भंवर भंवर बन डोली
लौटी तो गंवा बैठी
''लोकलाज''!

## खुले आकाश में

वह नीलाभ वातायन में बैठा
विभिन्न वाद्यों पर गाता रहता है।
शब्दों का रचयिता
शब्दों का अन्त!
वही उभरा है :
निर्झर में
पत्तों में
पंछियों में
हर जड़ चेतन में।
किसी ने उसे बांसुरी का रसमय सुर जाना
तो किसी ने वीणा की झंकार में उसे पहचाना
उसने हर पल
अबाध
अविराम
गीतों का उपहार दिया!
किंतु जो चिरमौन के बाद
गुज़रा
घाटियों से
निर्जन, निस्तब्ध वीथिकाओं से
निगूढ़ वनों से
उसने कहा :
वो गा रहा है,
निर्वाक
निरंतर .... निस्पंद
....हर पल
संसृति के हर कण में
हर कम्पन में !

## पहाड़ी स्रोत के समीप

शब्द रहित साहचर्य
निमिष भर
जो उसके साथ गुज़रा,
उस अकेले,
शांत स्रोत पर
वो भोली भोली मीठी-मीठी आंखों से
निहारता प्रतीत हुआ
मैं स्तम्भित, अपलक देखता ही रहा,
ठंडे किसी पहाड़ी वृक्ष की छांव में
गुजारे उस पल के लिए
मैने भी प्रस्तर पर
ये आंकन कर दिया,
विश्वास लिए -
हाँ मैं भी निमिष भर तेरे साथ
जिया हूँ !

## छत पर रात में

चाँदनी
चाँदनी बस चाँदनी !
कहाँ रजनी राका?
खिंच रहा जो गगन तक
अनुभूत होता है देह का अलगाव सा
भारहीनता!
मैं नहीं मुझमें
अरे ! मैं चाँदनी
या चाँदनी
मुझमें समाई?

## छत पर दिन में

विचारों की ऊहापोह
किताबें उहूंहूँ!
अलसाई, विश्रांत आंखे
कमरा नहीं छत
खोखले आयाम
टापते-टापते
मिल जाये कोई नीरन्ध्र
कोई छांव
असीमित गगन,
बिखरे बादल,
कोई सुरक्षित चिड़िया कूकती
ऐसे अकेलेपन में
उभरें कुछ प्रतिक्रियाएं
कुछ गीत!

## बगीचे में कभी

जो खामोश इमारतों पर छाया है
घास के उत्तुंग तृणों पर बैठा है
जो गुजरते कदमों की आहट में
छुपी है
ऐसी खामोशी
ऐसा अकेलापन
और यहीं छपे मेरी हथेली पर
तृणों के निशान
अपराधी हूँ जैसे
उसके गहन मौन को तोड़ने का
"मैं"!

## भीड़ में

सघन
कोलाहल
किंतु कहाँ,
सागर के नितल में थमा हुआ ज्यों जल
त्यों ही
सघन कोलाहल तले
सघन सन्नाटा!

## कुहासे में

(1)

पास होने से परिचय
दूरी में लुप्त हो गया
आसन्नप्राय!
क्षणभर को पलायन जागा
किंतु चेतना जान गई,
'विभा का दीप खुद जलाना होगा'।

(2)

संकेन्द्रण,
मेरे विचारों का,
जो बन गया,
निस्सीम......।
जिज्ञासायें लुप्त सी
जिसमें समाती,
मौन मेरा किन्तु मुकुर
प्रतिबिम्ब जो उसमें प्रभासित!

## शब्द

शब्द
आजकल बहुत समर्थ हो गये हैं
शब्दों के जाल में हम
समय और काल को
प्यार को, व्यवहार को
बखूबी लपेट लेते हैं
शब्दों के व्यूह से हम
कवि बन जाते हैं
लेखक बन जाते हैं
पर शब्द कहीं आकाश के सुनहरे आयाम में
जब हमें देखते हैं,
मुस्कुराते हैं,
कहते हैं
कि बीती सदी में
या नई सदी की शुरुआत में भी
अर्थ कहीं नहीं दिखे
तो हम अपने अन्तर्मन में झांककर
क्या इक पल
सोचें भी नहीं
कि हम इस दुविधा में क्यों जिएं
और क्यों न शब्दों को

अपने जीवन के आकार में ही
उकेरें?
भला कहीं श्रृंगार के आगार से
सुन्दरता नापी जा सकती है
जब शब्दों को जिएं नहीं
तो उन शब्दों को किस अधिकार से लिखें
कैसे उपदेश दें
भाषण करें
लम्बी-लम्बी हांकें।

इस नई सदी में
हम जो कहें
उसमें जिएं भी
वरना बीती सदी से त्रसित थकी आत्मा
आने वाली सदी में
अर्थों की अर्थी उठाये
कैसे जी पायेगी?

## पहली पुकार

(1)

कुछ खोये चेहरे,
कुछ मुस्कुराते,
स्मृतियों में डूब-डूब जाते-
जितना पाते - उतने ही भाव
प्रतिमा से - उठ-उठ आते!
कुछ उत्कंठा
कुछ आकुलता - "द्विविधाहत"
(भव का ऐसा ही बंधन)
मन की नाव
पायेगी क्या
प्रीत की छांव?
सूखे ठूंठ पर
बैठे काक की
कांव, कांव
कैसा गांव ?
कैसा ठांव?

(2)

छूट गये पुआल के ढेर
दाना चुगते मोर
सोते कुत्ते ,
ऊँघते लोग ,
मैली तलैया में तैरती बतखें,
पानी भरती पनिहारिनें
आ गये सूखे खेत
दूर दूर फैले हल के निशान,
नरकुल के झुरमुट,
नीम के हरे पेड़
बौराई फुनगियां,
निमौरियां,
बबूल के पेड़
किसी लय में गाती
खग-कुल की पुकार
छूट गये सब फिर
आये फिर कुछ
नये लोग,
नये पेड़,
नये पक्षी,
किन्तु समय के कितने लघु अंश में
हो गये प्राचीन वह भी
कौन जान पाया
भागते समय के ये प्रतिमान
देखे हैं मैने भी
कौन जान पाया,
देखा है तुम्हें भी मैने
ऐसे ही कहीं!

(3)

अन्तःतल से उठी
वेदना की चीत्कार
कहो कैसी है हार?
हाँ हाँ!
प्रियतर है यार!
स्वप्नावेशित सा मैं बोला।
विश्वास खो जाऊँगा जब तेरा भी
आरती का थाल लिए
मन्दिर के द्वार पर
फिर क्यों आऊँगा?
तेरा भी एक निर्वात बना लूँगा
निःस्वन होगा जिसमें फिर
वही अन्तर्नाद
कहूँगा पुकार- पुकार
फिर कहोगे
क्यों...कैसी है हार?

## द्वैत...अद्वैत

मैंने तो बस
श्रृंगार के लिए तुम्हें
समर्पित किये थे
कुछ पुष्प
न जाने कब तुमने उन्हें
रख दिया मेरी अन्तर्वेदी पर ?
शायद वो सावन था
क्योंकि हम छुप-छुप कनबतियां सी करते
सुधि-बुधियों में खोते - खोते
न जाने कितनी अनकही बातें कह गये थे ।
सुरभि के आकर्षण में -
सब कुछ एकाकार हो गया था ।
तब हम-तुम, तुम ही तुम थे !
पर मधुऋतु बीत गई
पतझड़ आ गया
कस्तूरी की गंध में भरमाया पागल हारिल
कुलांचे भरने लगा
महक बढ़ती ही गई
हम-तुम ..........हम तुम हो गये !
बीच के अन्तर में
मेघों की गर्जना ..... बिजलियों की चमक भरती रही।

निमिष भर को शांत हुआ
तो जाना .....
जो तुम्हें बाहर-बाहर से भी दिया
वो भी अन्तर्निधि बन गया
जिसने गंधहीन फूलों को भी,
सुरभि आप्त बना दिया !

## काल हमारी बार

एक अजनबी पत्ता टूटा
ढेरों अजनबी पत्ते टूट गये
पतझड़.....!
पूरा पेड़ सिहरता सा कांपा
वो चिन्ह टूटे पत्तों के
टहनियों पर जो अंकित थे
पूछने लगे,
अरे हम तुम्हारे ही तो एक अंग थे
किंतु अपनी ही वेदना में झुलसता पेड़
चुपचाप रहा,
रातभर पत्ते खड़खड़ाते रहे
पेड़ अपनी वेदना में झुलसता रहा!

## स्पर्शबोध

स्पर्श,
सिर्फ उंगलियों का
सहेजा हुआ, सोचा हुआ- स्पर्श।
दूर्वा की संकुचित हरियाली पर खिंची
कितनी ही अदृष्ट रेखायें
नीलांचल की रुकी हुई बाहों में सिमट गईं ।

तट से सकुचाई,
पावन स्रोत-स्वनि पुलकित-सी
धरती के स्पर्श से रोमांचित,
झूमती गाती धूल में लोटती
चट्टानों से टकराती
लहरा-लहरा कर बहती गई
उठ-उठ कर अंदर से बाहर लहरों में
सिर्फ एक भाव निरंतर
अबाधित संचरित होता रहा!

थमी हुई झील पर
छाई काई की पर्त
के नीचे से
आकृतिहीन शैवाल झूमते नजर आये

एक रुकी हुई सूरज की किरण
सहसा किनारे से थोड़ी हटी
झील और गहरी हो गई!

शिशिर की ठंडी पुरवाई
निःसंकोच बहती गई
पतझड़ आया - बहार आई
अनुभूतियों ने मुख मोड़कर फिर अपने को
देखने का प्रयत्न किया
वो रुकी
और फिर बहुत देर तक रुकी रही।

नाटक का पटाक्षेप हो गया।
दर्शक उठ गये
यवनिका के पीछे से फिर भी
कसमसाये से
करुणार्द्र स्वर निकले
खाली मंच पर अंधेरे उजाले में
आशाओं, आकांक्षाओं के पात्र
फिर नाटक करने लगे
हृत्तन्त्री पर वीणा के तार बजने लगे
उंगलियां बस सूने-सूने भाव से
सिर्फ तारों से खेलती रहीं !

ज्वार आया
किंतु वो थमे हुए की सार्थकता जान
कुछ न बोला
एक-एक क्षण
सापेक्ष सत्य के इतना करीब है
इतना नियमित है!

किसी पेड़ से चातक बुलाता ही रहा
न जाने किस स्मृति के वशीभूत
वही वही निमंत्रण!

निविड़ अंधकार
स्पर्श ही स्पर्श
और स्पर्श के वशीभूत-
अंत में हर तत्व विमुक्त होने लगे
चाँदनी - चाँद में समा गई
दिन - सूरज में छिप गया
तब उस शून्य में
निष्प्राणित सी देह से
स्वप्नों का भ्रम टूटने लगा।
सौन्दर्य - सौन्दर्य में
आशाएं - आशाओं में
कल्पनाएं - कल्पनाओं में
दर्द - दर्द में
प्रेम - प्रेम मे
वेदनाएं - वेदनाओं में सिमटने लगीं
सब कुछ - किसी 'सब कुछ' में समाने लगा
पंचतत्व अपने आकर्षण से
सब खींचते गये
सारा ब्रह्मांड
स्पर्श के इस चुम्बकीय प्रभाव से
गहरा उठा
तब सागर की विशाल लहरें भी
धरती के एक-एक टुकड़े को
अपने आकार में समेटने लगीं!

## बसंत तो मोल गई

धूप की पीली चिड़िया
रोशनदान को खोलकर
जाने क्या क्या बोल गई
मन की पीर खोल गई
सोये हो मनुवा
मनई मेरे
अब बसंत तो मोल गई!
सुख के पुरातन कोने से
फिर कोई उठा-
छूने धूप की चिड़िया
चिलकभर चुंधियाती
धूप की चिड़ी
अचानक
चेहरे पे,
आँखो में,
बसंत बन डोल गई!

## खण्डित निर्माल्य

मेंहदी की आड़ में
लुकाछिपी खेलते-खेलते
दोपहर की धूप छोटी हो गई
और शरद की मौन निशा ने
स्वप्नों को मीलों लम्बा खींच दिया।
कभी निराशा का सूरज उठने लगा
तो कभी नीम-सवेरे.....
छत से चारपाई पर
गीतों के छंद उतरने लगे
कभी सूरज दिन भर खोया रहता
तो कभी झुटपुट में भी
सड़क पर भागता रहता।

वो दिन बीत से गये
धूल से सने पैर धोकर बैठे
कि फिर कोई अचम्भा खींच ले गया
और नाली के पास हरी घास में बैठे
जाने किस-किस की क्या-क्या बातें बनाते रहे।
चाँद भी कुछ ऐसा ही था उन दिनों
बूढी माँ चरखा कातती कहीं दिखती न थी
लगता कि बादलों से पहाड़-

और बीच की काली नीली खाई लाँघता
वो भागा चला जा रहा है।
कभी रुकता तो उसकी भरी साँसों की आवाज
पेड़ों के पत्तों पर सुनाई देने लगती।

ऐसा होता गया,
सूरज चाँद बदलते गये,
दिन बदले, रातें बदलती गईं
और एक दिन एक प्रश्न उभरा
फिर तो जैसे सारी देहमन खिंचकर
एक प्रश्न चिन्ह बन गई।

विधुना ने मृत्तिका का सूखा ढेर
आँगन में डाल दिया,
मेरी व्यग्रता को देख कहा
''इसमें से ही कुछ निर्माण करो!''
भागा-भागा
विशाल पर्वत श्रेणियों में घूमता रहा
हाथों में कुछ न था
मन शून्य में डूबा था
आंगन में बिखरे मिट्टी के ढेले
कल्पनाओं के सैकड़ों रंगों को आहृवान देते थे।
दर्द जानने,
अमावस्या की नीम अंधेरी रातों में
छत की मुंडेर पर बैठा रहा,
एक जादुई अँधेरा मुझमें उतरा
और हाथ पकड़कर-
विचित्र कारा में ले गया।
भोर में जागा तो
आँखो में

रुई का
एक आर्द्र बादल तैरता था,
मैने सुनाः ये दर्द है,
और मैने मिट्टी के ढेलों के पास जाकर
पहली कल्पना की !

रहस्य जानने,
विशाल सागर की थाती पर उठती
उत्ताल लहरों को देखा,
किनारे पर बिखरा फेन-
विशाल जलपोत—छुद्र नौकाएं
एक असीमित विस्तार,
निमिष भर आँखें स्वयं के अस्तित्व को
भूल सी गईं
फिर याद आया तो कुछ
सागर की लहरों पर खो गया।
फिर भागा-भागा मिट्टी के ढेलों के पास आया
तो सुना- 'इस कण की महत्ता जानो
जिसने सागर जन्मा है'
और मैंने मिट्टी को सहेजा-
कल्पनाओं के कई चेहरे उत्पात मचाने लगे।

गीत जानने,
घाटियों की तह में उतरता गया
बाँस के झुरमुट देखे,
देवदार के ढेरों वृक्ष निरखे,
नारियल कुँज में भटका
फिर एक पहाड़ी सोते के बीच फैली
सपाट चट्टान पर थककर लेटा
तो उस चट्टान में बंद

सदियों से बहते
उस पहाड़ी झरने के गीत
निःशब्द से फैलने लगे
स्पन्दनहीन बांसों के झुरमुट में
हवा चली और बंसी की मोहक टेर
आकाश से ज्यूँ निःसृत होने लगी।
फिर आंगन में संवरे
मिट्टी के ढेलों के
पास आया
तो सुना-'गीत कोई शोर नहीं
है यह मौन में निस्पंदता के
तारों से बना वाद्य
जो अबाध रूप से झंकृत होता रहता है
'असाध्य वीणा की तरह।'

कल्पनाओं ने अब सावन बना लिया
झूलों पर बैठ वो पेंगें बढ़ाने लगीं।
सितारे फूलों की तरह महकने लगे
आकाश की फुलवारी
धरती की फुलवारी तक़ फैल गई।
पुरवा चलती थी
और मन रागिनी गा उठता था
चाँदनी उतरती थी
तो स्वयं चाँदनी होने का
भ्रम होता था।

पर सब कुछ धीरे-धीरे घातक हो गये,
दर्द पैठता गया,
अंधेरा बढ़ता ही गया,
सागर नये रहस्य खोलता गया,

गीतों का निस्पन्द शून्य छाता गया
चाँदनी अबूझे चित्र बनाने लगी
अनजानी कल्पनाएं उकेरने लगी
जो अकथनीय था
अदृश्य था,
अस्पष्ट था,
वह अपनी सम्पूर्णता में प्रकट होने लगा।

इसी बीच उठी जिजीविषा,
कुछ परिवर्तन लोगों में हुए,
प्रेम-विश्वास छलनाओं में बदलने लगा
आंखों ही आखों से
हवाओं ने
सैकड़ों बाण बींध दिये
पीड़ा!
अकथनीय पीड़ा से मैं रो दिया
छद्म रिश्ते, छद्म धारणाएं
सुरक्षाओं का भय,
सब आ आकर सर्पदंश करने लगे।
पास का सब कुछ वाष्पयित होकर उड़ने लगा
अकिंचन सा मैं -
अपने को उस तरह लुटता देखता रहा
किसी से एक शब्द भी न कह सका
स्वयं की ही पहेलियां थीं ये!
छोटी सी सादी कोठरी में दीप जलाने उठा तो
प्रयत्नों के अप्रत्याशित भार से टूट गया।

हजारों सुखमयी, सुन्दर कल्पनाओं को
दहनकर भस्मीभूत हो
थका हुआ-

आँगन में फैले गीली मिट्टी के ढेलों को
रौंदता
पैरों की छाप देहरी से आंगन तक
छोड़ता गया।
मेरा निर्माल्य अधूरा रह गया
देह से सैकड़ों हाथ निकलकर
आकाश छूने लगे!

## शब्द सोपान

(1)

चाँदनी में सोया शहर
रातभर मुझसे बतियाता रहा !

(2)

दोपहर से शाम हो गई
एक पत्ता भी न हिला !

(3)

सागर के किनारे से उठकर
सैलानी झील के किनारे
रात देर गये बैठे रहे !

(4)

दिनों बाद
देर तक
तुम्हें देखने के बाद
कुछ याद न आया !

(5)

अंधेरे में शिवालय के बाहर
आँगन में लेटा रहा
फिर अचानक चौंककर
शीत में ठिठुरता सा
...... भीतर...एक कोने में सटा
तुम्हें देखता रहा !

(6)

चाँद का सलोना टुकड़ा
पनघट पर छाये पीपल के पेड़ पर
रुआँसा खड़ा रहा !

(7)

धूप की किरण
हरे भरे बगीचे में
श्वेत रंग खोजती रही!

(8)

गेहूँ की बाली
आकाश के रंग में
धरती के गीत गाती है !!

(9)

विवाह - एक गुड्डा - एक गुड़िया
एक गुड्डा,
एक गुड़िया!

(10)

सीलनभरी दीवारों में बड़े-बड़े गड्ढे पड़ने लगे
सभ्यता के पुरातनचिन्ह
मिटने लगे !

## अन्तस् की कली

आंगन के कोने में डली
अकेली भली,
अनार की कली,
अनखिली।
मदमाता बौराया बसंत आया,
गदराया फागुन आया,
शिशिर में झूमती सरसों की फली,
फूली फूली सी,
इतराती चली।
शब्द से अनुभूति का अन्तराल,
मिट न सका,
भावों की गली
झील बन चली
लघु द्युति ज्यों अन्तस के अन्धकार में
सहमी,
अपनी लघुता पे त्यों,
सहसा बढ़ी
वेदना की कनी-
बोली-
मैं आंगन के कोने में डली
अन्तस् की कली
अनखिली!

# सहज हुआ सो पीर

प्राचीर देखते हो-
आधार भी तो देखो
क्षणिक रूपान्तर - क्षणिक धुन्ध
गत-विगत-अधुनातन
फिर छलावा-बहलावा
नहीं! नहीं!
ये तो जन्म जन्मांतरों से होता आया है
श्रृंखलाएं—इनसे बाहर तो हाथ आ गये
कुछ कुछ पैर भी
इन पर गौरैया,
मैना,
कोयल,
छोटी चिड़िया सुन्दर-सी
सब आकर बैठ गईं
-गीत गा गईं
उड़ गईं।
नहीं!
अब नहीं!
सोचना कैसा
मारने दो विचारों को ही अपना सिर
चलो हम तो चलें
नदी के किनारे

वहीं घूमेंगे
रैन बसेरा करेंगे
वहीं जहाँ सागर
रात गये
चुपचाप आता है!

## मीत बिना नहीं होरी

सारे रंग ही मुझमें थे
पर रंगों की आत्मा
थोड़ी सी दूर खड़ी टुकर-टुकर देखती रही
अकुलाती रही
रंगों की क्षुधा ने,
उथल-पुथल मचा दी
मैंने झूमती-गाती टोलियों पर
रंग गुलाल के बादल उड़ते देखे,
मैं रंग-अबीर से खेलने लगा,
नाचने लगा!
फिर भी एक बूंद उछल कर
तट को लहर न बना सकी।
कनेर का पीला फूल हंसा
मैं रंगों की व्यथा लिए अकेला खड़ा रहा
शाम हुई तो,
नदी किनारे हरी घास पर लेटा रहा
द्वैत की वंचना में उलझे
होली की शाम भी बीत गई!

## प्रीत कही न जाये

कहूँ ....स्मरण के पार
पुनरावृत्ति के क्षण।
पुनीत है, पावन है
तुम्हें छू भर लेना
और दिन भर धूप के एक टुकड़े के लिए
फूलों से—कांटों तक
और पहाड़, धूप और निविड़ वनों में भ्रमना
या पीले कनेर पर चढ़कर
अस्ताचल में जाते सूरज को देखना!
फिर जब शब्द-शब्द खिलते हैं
भीनी-भीनी सुरभि में
कौन भ्रमर मतिभ्रमित नहीं होता?
फिर कहते हो
मैं कहूँ......?
नहीं! अब ये दिशायें कहेंगी
विरोध में तो प्रेम प्रगाढ़ होता है,
नहीं! अब रोम-रोम कहेगा
पल छिन कहेगा
फिर तुम यूं ही
कभी .....कुछ भी ... कहीं भी
कहूँ
-चाहने लगते हो!

## प्रेम

आज रात सड़क पर चलते हुए मैंने सोचा
ये कितना अच्छा है कि हम
एक दूसरे को प्यार करते हैं,
सर्दी की रात थी-
एक सिहरन सी दौड़ गई।
इस मधुरिम प्रीत में-
कोई कुछ नहीं करता
कुछ भी नहीं कर सकता
फिर तुम्हारी स्मृति ही तो है-
जो कभी मधुमास ले आती है
और कभी पतझड़
फिर देह से मन से तुम़ कितनी ही पास क्यूं न हो...
पर स्मृति प्रेम तो नही !

स्मृति के दर्पण में चाहत का प्रतिबिम्ब
कितनी बार बदलता है-
फिर समय
स्मृति के दर्पण को भी बदल देता है
ऐसे ही प्रतिबिम्ब भी बदलता है
चाहत भी बदलती है
और शनैः-शनैः एक ऊब उमड़ पड़ती है
स्मृति भी फिर

कल्पनाओं पर अमरबेल ही तो है
पर ये प्यार तो नहीं !

ये तुम्हारी भूल है कि
आंख झुका लेने से सूरत नहीं दिखती
अपने को व्यस्त कर लेने से
यादें याद नहीं आतीं।
अंतस्चेतना तो-
फूलों की सुरभि में महकती है
और हमारे परकीय अद्यःपुनीत सम्बन्ध
समय के बंधन से बंधते नहीं
जैसे कि मैंने तुम्हारा नाम
मेरिना बीच पर लिखा है
जैसे कि शमशान में तुम्हें याद किया है।
फिर ये तुम्हारी भूल है
कि इस प्यार में अभी
या कभी और
मैं कुछ कर सकता हूँ
या कि
तुम भी कुछ कर सकती हो।

सड़क पर चलते हुए सोचा-
वैतरणी के इस पार
इस छलना नगरी में
ये कितना मनोहारी है, सुखद है
कि हम
एक दूसरे को प्यार करते हैं !

## तृण था - सुख था

तृण था कितना सुख था
वृक्ष हूँ कितना दुख है
तृण था-
धूल में उड़ जाता था
पानी में बह जाता था
पत्तों के गीतों के साथ थिरकता था।
अब वृक्ष हूँ-
स्थिर हूँ
दूसरों का दुख है
अपना दुख है।
पहले खुद से तो आमुख था -
तृण था सुख था।

## समर्पण

अनंत फूल चढ़ाये
किंतु तुझ तक सुरभि कहाँ पहुंच सकी
वापी के किनारे संकोच हुआ
किंतु ऐसी श्रद्धा कहाँ थी
कि चंदन पानी सा संजोग हो जाता।
आस्था जो दीठी
उसे तेरे ऊपर विश्वास सा लीप दिया
किंतु वो आस्था स्वयं से कहाँ रही
स्वयं को सिर्फ अविश्वास दिया,
क्या था इतना विश्वास
कि द्रौपदी सा लज्जा का अंतिम चीर भी
सौंप देती?
अन्तर भुवन में दीप छुपा-छुपा कर जलाया
- प्रयत्न किया
किंतु सौंप देती
जो प्रयत्न का भार उसी पर
ऐसा आधार कहाँ समझा?

## इंगित

तुम्हारे इंगित फूलों पर लिखे थे
मैं पढ़ न सका !
तुम्हारे पदचिन्ह दूर्वा पर मढ़े थे
मैं देख न सका
अनभिज्ञ था !
अनजान था !
एक धुन में,
अपनी ही उलझन में
बढ़ता गया-
तुम राह में बैठे रहे
मैं अनमना तुम्हें
बिन देखे निकल गया
जहाँ पहुंचा वहाँ तनिक द्युति को
सत्य का आभास जान,
कहने लगा- आखिर जान गया तुम क्या हो?
लौटा तो तुम पथ में बैठे थे,
ठिठक गया,
तुम्हारे प्रतिभासित रूप को देख,
तनिक चैतन्य हुआ तो
तुम न थे,
पर तुम्हारे पदचिन्ह

दूर्वा पर थे
फूलों में तुम्हारा संदेश था
पत्तियों में संगीत था
और हवाएं तुम्हारी सुरभि से भरी थीं।
उस पलभर के मिथक आभास को
मन का वही ऊसर कल्परूप मान कहा :
जब भी तुम्हें
कहीं किसी क्षण
किसी स्थान पर
बांध देता हूँ
वहाँ मेरा मिथक मान रहता है
तुम नहीं रहते।
मेरी इस खोज का तुम
मार्ग भी थे,
सहयात्री भी थे,
ध्येय भी थे,
ध्याता भी थे
ध्यान भी थे
मैं तुम्हारे मोह में डूबा
भूल ही गया था-
कि तुम कहीं नहीं बसते
तुम्हारा रूप बसता है
हर कहीं !

## प्रश्न भरी डालियाँ

निःशान्त भाव से बैठा
पूछ उठा जो एक प्रश्न,
छोटी चिड़िया प्रत्यूषाकाल में
नीम की छोटी टहनी पर
चिहुंकती रही.......!
यूं ही जब शाम आई
निगूढ़ भावों की तहें
बोझ बन गईं,
करवट ले पुनःश्च एक पहेली
उसी परित्यक्त भाव से सौंप दी,
छोटी चिड़िया अब अकुलाती सी
अपने ही नीड़ के समीप
भटकती रही जाने
कहाँ, कहाँ, कहाँ...!

## बरखा

शमशान, जंगल और
पहाड़ी नदी के चौड़े मुहाने
नीचे बहुत नीचे
चिकने सपाट पत्थर
ऊपर ...
कुछ चिनार के दरख्त!
कभी सूरज छांव लेकर उगता है
कभी सिर्फ धूप
जो कोलतार की सड़कों पर
चिपचिपाती है।
कण-कण पिपासा से आतुर हो
मरुस्थल की तरह
आंधी उड़ाता
आहें भरता रहता है।
मनस्वी स्वगत हुआ बोधिवृक्ष के नीचे बैठा
उस क्षैतिज उर्जा को उर्ध्वान्मुख कर
धूमायित भव में
बस एक लौ सा अनुकम्प
किसी आभास के सम्मोहन में विरत
बौराया रहता है
धुंआ उड़ता रहता है।

आर्किड पर
सिर्फ एक फूल खिला रहता है
रात भर करोंदे और नीबू के पेड़ों पर
पानी की बूंदें शोर मचाती हैं
कमरे का जाला
वैराग्य नही जगाता
बोधित्व नहीं उपजाता
नीली स्वप्न भरी आंखों में
कल्पना का तार झिलमिलाता है
तब
आर्किड का अकेला फूल
रात भर उस बरखा का साक्षी बन खिला रहता है।

इस समय ये बरखा भी कैसी है
जाली से बाहर झांकती आंखें
तृप्त नहीं होतीं
बाहर भीग जाने का भय समाता है :
चिनार भीगते हैं
पहाड़ी नदी के चौड़े पाट पानी से भर जाते हैं
मीनारें भीगती हैं
ऐतिहासिक परिणतियां भीगती हैं
समय भीगता है
अतीत भीगता है
आंगन की दीवारें भीगती हैं
प्रेम, वासना,
करुणा, क्रोध
तन, मन
सब भीगता है
और सब नन्ही-नन्ही बूंदों सा
मेरे छोटे से अर्किड के पेड़ पर

जीवन्त रंगों में खिल उठता है।

प्रणयी चित्त बिलख उठता है
पान की दुकान पर रस्सी
बेकार  जलती रहती है।
कोई बीड़ी सुलगाने नहीं आता
राख उड़ती जाती है
एक रेखा-चित्र सा क्षितिज में
कहीं दूर खिंचता चला जाता है।

चाहूँ ... न चाहूँ
पर ये तो
एक यवासा के हृदय का भी निःश्वास है
उठती घनघोर घटा
प्यास का विस्तीर्ण उदघट
छपाछप!
यात्राओं के जीवाश्म
ऐतिहासिक अनुभूति चित्र
अटूट बंधन से घिरा मन
चौराहे की खुली दुकानें
भाप उड़ाती गर्म चाय
और प्रश्न करता एक जिज्ञासु !!

वैराग्य बढ़ता जा रहा है....
बीच में है बस
अतीत की पुनरावृत्तियों से
अधुनातन को रौंदता
कमरे का मात्र
एक जाला
सिर्फ एक!

## सर्दियों की शाम

शाम का फैला धुँआ
जैसे शिशिर का निःश्वास
सूखी हरी छितरी-छितरी सी घास
बड़ी छोटी इमारतें
काली रेंगती सड़कें
दूर तक साइकिलों की चरमराहट
खड़खड़ाहट।
शनैः-शनैः थोड़े-थोड़े अन्तराल पर
वही पुनरावृतियां या फिर
मोटर का हार्न।

गहराता धुंआ
फैलता धुंआ
बाहर से अन्दर तक
घरों में
कमरों में
आंखों में
कानों में
बल्ब की रोशनी में घुसा
धुंआ-धुंआ, और घुटन।

सड़क के किनारे घूमते राहगीरों का
परछाइयों में डूबते जाना
धुंधली-धुंधली आकृतियां
ऊपर चमकता आधा चाँद
एक उज्जवल तारा
और भेड़ों-बकरियों का मिमियाता झुंड
उनका रखवाला चरवाहा
मुंह पर सफेद कपड़ा लपेटे
एक छड़ी लिए।

घूम घूम कर आती रुकी सड़कें
चुपचाप पड़ी निस्सहाय सड़कें
चौड़ी सकरी उबड़-खाबड़ सड़कें
किसी मकान की नीव से चिपका
रिरियाता पिल्ला
और-
अपने मालिक को खींचता ले जाता
अल्सेशियन टामी।

सब चीजें जैसे अपना अस्तित्व सिकोड़कर
किसी कोने में समा जाना चाहती हैं
कि बीच में एक बड़ा खाली शून्य बन जाए
और सब चुपचाप
सुरक्षित धरती की नींव से चिपके
एक दूसरे से बेखबर
सोते रहें!

मेरे कमरे के अन्दर वही शाम का धुंआ है
संसृति के इस विचित्र आवागमन को
किंकर्त्तव्यविमूढ़ सा देख रहा हूँ

ऋतुपरिवर्तन है
वैचित्र्य है
आशाएं निराशाएं भी हैं
किंतु इन सबसे परे
वो धुएं की लकीरें क्या हैं
जिसमें क्षणभर को चिलककर
हम राख हो जाते हैं
और तमाम जिंदगी
कुछ नये आभास पाने
दर्पण देखते-देखते गवां देते हैं।
शाम से - रात भर
तारे टूटते रहते हैं
और हमारी सांसों का धुंआ
कमरे में
कमरे से बाहर
चारों तरफ फैल जाता है।

## सुबह का बौराया ठूंठ

सुबह की पहली किरण ज्यों ही चमकती है
पेड़ की वज्र पर्णविहीन आकृति पर
सुबह की मीठी चिड़ियां चहकने लगती हैं
पास का हरा-भरा फला-फूला
नीम का पेड़-
पहले सिकुड़ता है
फिर उपर की ओर
टांगें उठाने का प्रयास करता है
धूप धीरे-धीरे नीचे सरकती जाती है।
सुबह की ठंड में खड़ा वो ठूंठ
फिर भी सिर उठाये गाता रहता है
पंछियों का एक झुण्ड आता है
उसके शिखाग्रों पर बैठता है
उड़ जाता है
डाह में
नीम का पेड़ फुफकार उठता है।

अचेतन में काई को फाड़कर
प्रतिबिम्ब देखने को उत्सुक
संघर्षरत एक चेहरा उभरता है
ठूंठ की तरह तपस्वी

गीत गाता,
सुबह से शाम हो जाती है
वो निर्विकार वैसे ही खड़ा रहता है।

इधर बहुत समय से
अनायास ही सुबह शाम
चिड़ियाओं की चहचहाहट
और कभी पूनो की रात में
चमकता वो नंगा ठूंठ
मेरा ध्यान
आकर्षित कर लेता है
और हल्की-हल्की सी ठंड में
मुझे महसूस होता है
अपने अन्तर्मौन में मग्न
अपनी अकिंचनता में तृप्त
उत्सुक
और तेज हवा में सनसनाती पर्णविहीन
टहनियों सा मृत्युबोध को पनपाता
शिराओं को स्तम्भित करता
मैं भी वैसा ही ठूंठ होता जा रहा हूँ!

# प्रेम डगर अनमोल

जैसे कि प्रेम की एक लहर छूकर चली गई हो,
बहुत कुछ छेड़कर,
बहुत कुछ उखेड़ कर,
यूं लगा वो कहीं पास था
जब चीड़ के वृक्षों के बीच से मैं गुजरा था,
झरनों का शोर सुना था
ऊंची पगडंडी पर हांफते-हांफते भी
देवदार को पहले छूकर लौटने का जो मान हुआ था,
जो उंगलियों की पोरों से
उगते पूरे चाँद को देखा था,
जो आकाश की निस्सीमिता पर झुंझलाकर
खण्डहरों पर अपना नाम लिखा था,
पनघट पर जो संकोची पलकों को स्मित सा देखता रहा था,
चैत की एक शाम
जो एक अकेले
बादल पर
सूरज की अन्तिम किरणों को
सिमटे बैठे देखा था,
और जो रेलगाड़ी की खड़खड़ाहट में
छटपटाती वेदना ने देखा था
सफेद कागज़ पर सारी सृष्टि जैसे सिर्फ एक चित्रांकन होः

पेड़, पंछी
बादल,
पहाड़, नदी, झरने, पोखर
खेत,
आकाश,
चमकता सूरज,
और मनुष्य।

मुझे महसूस हुआ मेरी सभी मनःस्थितियों का
कहीं कोई सामंजस्य नहीं था।
गर्म लू के थपेड़े ने
छटपटाती वेदना को
और छेड़ दिया
प्रेम प्रेम प्रेम...!
हर क्षण -
कण-कण में
पानी के कतरे से
धूल कण तक
तुम्हारी आंखों से
मुझ तक
पेड़ों के शिखरों से
आकाश तक
प्रेम प्रेम प्रेम...!

## डोमखेड़ी की होली

भरा पूरा चाँद हँसता-हँसता
फिर घाटी में आया
और धीरे से बोला :
खेलोगे होली?

अचानक पूछे इस प्रश्न से
अचम्भित सा हो
बूंदा कुछ देर तो साधे रही चुप्पी
कुरेदती रही बीते दिनों की टीस
फिर बोला
क्यूं नहीं!

नदी की स्तम्भित लहरों पर फिर तो
गूंजने लगे गीत
फैल गया खुशी का
एक पल
फूले पलास पर
हरी लहलहाती फसलों की
झूलने लगीं बालियां
और दूर से चिल्लाया गुल्लिया
आ रे
ढोल ले के उस पार।
बांसुरी की तान पर

फिर थिरकने लगे पैर
थके हुए
पर टूटे नहीं!

इन सबके बीच
चुप सा बैठा महरिया बोला :
क्या होगी फिर कभी
ये होली....?
देखो पिछली बार डूबी
मंडवा की झोपड़ी
वहाँ थोड़ी सी दिखती छत पर बैठा कौवा
कैसा कांव-कांव करता है
सोचो कहाँ जायेंगे
हमारे बीजा और रज्जु?

थिरकते पैर रुकने लगे
थमने लगी ढोलों पर थापें
सकुचाया जैसे चाँद भी
एक अवसाद सा घिर आया।

अचानक जैसे
गूंजी एक आवाज·
विश्वस्त और अडिग
पास आई और बोली :
जाने न देंगे अपने चाँद को
घाटी के पार
बांध लेंगे उसे यहीं
पहाड़ के पीछे
रोक लेंगे
पानी के बढ़ते आवेग को
पूछेंगे उस पगलाये सोच से
करोगे और कितना विनाश?

हमारी आवाज उसे रोकेगी
हमारे हाथ
थाम लेंगे पानी की दीवार
बहने न देंगे
हम अपनी फसलें
अपने घर
अपने स्वप्न
होगा-
ऐसा होगा!

पहले छाया सन्नाटा
फिर हंसा हरिया
फिर चिंहुकी बांसुरी
बजे ढोल
थिरके पैर
और होली के रंग
सारी घाटी में
छा गये।

सहमा हुआ चाँद
फिर मुस्कुराया
बोला : आऊंगा अगली बार भी,
और चाँदनी
कजली की आंखों में
मीठे-मीठे स्वप्न
एक बार फिर बुनने लगी!

(नर्मदा घाटी के गांव डोमखेड़ी की आखिरी होली सन् 2005 में, जो बाद में सरदार सरोवर बांध के बढ़ते विनाश क्रम में डूब गया)

□□□